V&R

Sexualberatungsstelle Salzburg (Hg.)

Trieb, Hemmung, Begehren

Psychoanalyse und Sexualität

Vandenhoeck & Ruprecht
in Göttingen

Gedruckt mit Unterstützung des Bundesministeriums für
Wissenschaft und Verkehr in Wien.

Die Deutsche Bibliothek – CIP-Einheitsaufnahme

Trieb, Hemmung, Begehren
Hrsg.: Sexualberatungsstelle Salzburg. –
Göttingen: Vandenhoeck & Ruprecht, 1998
ISBN 3-525-45826-6

Umschlagabbildung: Unter Verwendung eines Plakatmotivs
von Ulrike Körbitz

Satz: KCS GmbH, Buchholz/Hamburg
Druck und Bindearbeiten: Hubert & Co., Göttingen.

Inhalt

5

Karl Fallend

Vorwort

Don Giovanni: Reich mir die Hand, mein Leben,
Komm auf mein Schloß zu mir.
Kannst du noch widerstreben?
Es ist nicht weit von hier.

Zerlina: Ach, soll ich es wohl wagen?
Mein Herz, o sag es mir.
Ich fühle froh dich schlagen.
Und steh doch zitternd hier.

... Trieb, Hemmung, Begehren nach Mozart anno 1787. Im Jahr 1987 öffnete die Salzburger Sexualberatungsstelle ihre Pforten. Auch das ist Salzburger Sexualitätsdiskurs, im breiten historischen Bogen von 200 Jahren. Für inhaltliche Kurzschlüsse sind wohl kleinere Schritte ausreichend.

Dekadensprünge sind beliebte Anlässe zur Erinnerung und zur Feier. Allein in persönlich wissenschaftlichen und historischen Zusammenhängen bot uns das Jahr 1997 einige Möglichkeiten dazu. Der von *Igor A. Caruso* begründete Wiener Arbeitskreis für Tiefenpsychologie (jetzt: Arbeitskreis für Psychoanalyse) beging seinen 50., das Psychoanalytische Seminar Zürich seinen 20. Geburtstag. Und wir waren frohen Mutes, den 10. Jahrestag der Gründung der Sexualberatungsstelle in Salzburg zu feiern, wobei im weiten Brückenschlag der 100. Geburtstag von *Wilhelm Reich* begleitend bedacht war. Jubiläen, die unschwer im Zusammenhang zu sehen sind. Zu Recht betonten die Begründer und Begründerinnen, die einzige Sexualberatungsstelle Österreichs zu sein, und das seit dem Jahr 1929, als Wilhelm Reich mit Freunden in Wien die ersten Sexualberatungsstellen für Arbeiter und Angestellte eröffnete. Diese Betonung ist keine Nostalgie, sondern ein

Stück Programmatik, die das damalige Team als ursprüngliche Motivation seiner Arbeit so formulierte:

»Psychoanalyse und Sexualität wieder in einen öffentlichen relevanten Zusammenhang zu rücken. Die Politik, die mit der Sexualität gemacht wird, zu beobachten und zu kommentieren, repressiven Tendenzen entgegenwirken, brisante Themen aufgreifen. Die Praxis der psychoanalytischen Therapie so organisieren, daß sie auch für Angehörige unterer sozialer Schichten möglich und erschwinglich ist.«

Die Bezugnahme auf vom Nationalsozialismus vertriebene historische Vorbilder meint nicht Imitation – das wäre Komik – sondern bewußte Bedachtnahme auf zerstörte Traditionen jenseits der freien Marktgesetze von Psychoboom und in steigender Konkurrenz sich entwickelnder Ohrenvermietung. Weder Biologismus noch Glücksdefinition stehen in traditioneller und aktueller Verhandlung, sondern die Politisierung der Sexualfrage; die stete Kritik und Infragestellung einer von kulturellen Regeln und Verboten definierten sexuellen Normalität. In diesem Sinne behielt die allseits totgesagte, von Wilhelm Reich schließlich selbst verworfene, psychoanalytisch orientierte sexualpolitische Arbeit ein aktuell brisantes Leitmotiv – nämlich den ursächlichen Zusammenhang, wenn Lust, Sexualität etwas mit Freiheit und Freiheit etwas mit Politik zu tun haben. So sehe ich den Titel und die einzelnen Beiträge dieses Bandes als Beschreibung und analytische Ausleuchtung dieses Spannungsfeldes. Es sind Beiträge, die nicht unbedingt die landläufigen Debatten über Sexualität bestimmen und deshalb an Notwendigkeit gewinnen.

Vor einiger Zeit schon konstatierte *Paul Parin* die »Verflüchtigung des Sexuellen in der Psychoanalyse« und damit einhergehend das verlorene Selbstverständnis der Psychoanalytiker als Entdecker verborgener Triebkräfte und als Anwälte unterdrückter Lebendigkeit. Die beschränkte Optik für den Zusammenhang zwischen der angestrebten Befreiung des Sexuellen in der Analyse und der politischen Emanzipation ist folgenschwer. Ohne Durcharbeitung der verinnerlichten

Unterdrückung des Sexuellen, bleibt gefügige Anpassung und Unterwerfung unter bestehende Herrschaftsverhältnisse beständig. Dieses dialektische Verhältnis gilt es, im Auge zu behalten.

Freilich sind die Grenzen sexualpolitischer Arbeit mehr als eng gesteckt. *Sigmund Freud* formulierte diese Enge bereits 1907 bezüglich der sexuellen Aufklärung und kultureller Zwangsmoral: »So bewährt es sich denn wieder einmal, wie unklug es ist, einem zerlumpten Rock einen einzigen seidenen Lappen aufzunähen, wie unmöglich es ist, eine vereinzelte Reform durchzuführen, ohne an den Grundlagen des Systems zu ändern.« Das sind keine rosigen Aussichten.

Trotzdem: Es wird wohl unumgänglich bleiben, die benötigten kleinen Schritte eines langwierigen und mühsamen Prozesses von Veränderung aufrechtzuerhalten. Vor rund 70 Jahren sahen Wilhelm Reich und seine Freunde eine Dreiteilung ihrer Aktivitäten als Basis ihrer »Sozialistischen Gesellschaft für Sexualberatung und Sexualforschung«: Aufklärung /politische Öffentlichkeitsarbeit, Beratung/Therapie sowie Forschung. Eine Dreiteilung, die die Salzburger Gruppe auch zur Prämisse erhob. Die beiden ersten Aufgabenbereiche hinterlassen kaum nachhaltige Spuren. Anonym und privatim sind sie rasch vergänglich und meist der fachlichen Diskussion entzogen. Die alltäglichen Mühen eignen sich oft schwer zum breiten Erfahrungsaustausch und verbrauchen meist die Substanz der weiteren Verarbeitung. Deshalb sind Freiräume vonnöten, die den vermeintlichen Luxus von Dokumentation, Reflexion und Verschriftlichung erlauben und die druckfeste Basis für unterschiedliche Kooperationen, Diskussionen sowie theoretische als auch praktische Weiterentwicklung abgeben. Nach kleineren Beiträgen in unserem »WERKBLATT – Zeitschrift für Psychoanalyse und Gesellschaftskritik« liegt nun erstmals ein internationales Arbeitsergebnis in Buchform vor. Ohne Hemmung hoffe ich, daß es zu weiteren Produktionen treibt, die auch begehrt werden.

Karl-Markus Gauß

Vom Jammern und vom Lachen

Zur österreichischen Sinnlichkeit –
Eine Ausschweifung

Sonntags hat der österreichische Schriftsteller *Heimito von Doderer* oft die innigsten Erlebnisse der Woche gehabt. Und als zugleich sinnlicher und bürokratischer Charakter, der er war, sollte er in seinem Notizbuch stets getreu verzeichnen, was ihm widerfuhr. Da findet sich etwa zuerst das Kürzel »a. s. m.« und darauf ein zweites, nämlich »d. ex. m.« »A. s. m.« steht für »apud sanctam missam«, also für die heilige Messe, die der getreue Katholik selten versäumte und der fleißige Alltagsneurotiker niemals vergaß, als absolviert in eines seiner Schreibhefte einzutragen. »D. ex. m.« aber bedeutet »dies excellentis martirii«, also »Tag der vorzüglichen Folterung«, und meinte nichts anderes, als daß der biedere Ehemann nach dem Kirchgang bei einem seiner zahlreichen Geliebten beiderlei Geschlechts vorbeischaute, um ihm eine exzellente sexuelle Bestrafung angedeihen zu lassen. Zeitlebens hat es Doderer nun einmal größte Lust bedeutet, strafend den Hintern seiner Partner und Partnerinnen zu bedenken, und da er sich in dieser Vorliebe von den Jünglings- zu den Greisenjahren völlig gleich blieb, sind seine nachgelassenen Tagebücher, Arbeitsjournale, Notizblöcke denn das erstaunliche Archiv einer alle gesellschaftlichen Schichten durchpflügenden sadistischen Neigung.

Doderer hat sich mit stolzen Gräfinnen in ihren Palais und mit Proletarierinnen in billigen Absteigen getroffen, mit feschen Leutnants und pflichtbewußten Ministerialbeamten. Nicht immer verdiente, was dabei herauskam, für ihn das höchste Gütesiegel, die Marter mit fünf Sternen, jene Eintragung also, die den Tag als »dies *excellentis* martirii« adelte. Oft mußte Doderer seinen intimen Büchern auch ein wenig klagen, da leiert bisweilen ein jammernder Ton, wenn ihm wieder eine unbegabte Urschel, die als Anfängerin nicht recht wußte, wie sie mitzuspielen hatte, alles verpatzte oder sonst an der Inszenierung irgend etwas nicht klappte.

Oft aber hatte er Grund, den Verlauf als einen außerordentlich beglückenden zu bezeichnen, und erst recht, wenn sich ihm eine Dame aus der guten Gesellschaft zur strengen Verfügung stellte und diese die Züchtigung auch noch mit einiger Schamhaftigkeit erlitt – für die Doderer übrigens das Wort »madonnenhaft« zu Hand war –, galt es ihm, den Herrn und seinen Tag zu loben.

Die Ausdauer, mit der Doderer über Jahrzehnte seine Kirchgänge und sexuellen Exerzitien akribisch verzeichnet, ist beklemmend. Die Geschichte dieses Kirchgängers, der nach der heiligen Messe Madonnen sucht, die er züchtigen darf, ist aber nicht nur beklemmend, sondern auch aus mehreren Gründen interessant. Aufs erste natürlich wegen der Selbstverständlichkeit, mit der hier einer Kirchgang und Demütigung, Katholizismus und Sadismus miteinander zu verbinden verstand. Wer Doderers Tagebücher kennt, weiß, daß er nicht in die Kirche eilte, um sich womöglich doch noch vor dem nachfolgenden sexuellen Exzeß zu bewahren oder sich schon vorausschauend die Verzeihung jener Sünden zu holen, von denen ihn die Erfahrung lehrte, daß er sie ohnehin begehen wird.

Nein, diesem bedeutenden Schriftsteller, der so etwas wie der Staatsautor der Zweiten Republik wurde, weil er willens und fähig war, die politischen Feinde von gestern gleichermaßen zu repräsentieren, diesem Mann war die Zerknirschung fremd, und wovor er scheute, das waren nicht die Kettenhunde seines schlechten Gewissens. Die Katholiken mögen mir verzeihen, denn was ich sagen will, ist keineswegs, daß eine katholische Messe und ein sadistischer Ritus dasselbe wären. Doch ist kaum zu übersehen, daß Doderer in der

Eucharistie dasselbe suchte wie in der Sexualität: und was er suchte, das war nicht die Vergebung des *Geistes*, sondern die Erlösung des *Fleisches*.

Doderer, muß man jetzt einfügen, war kein Katholik von Geburt an, wie sie habituell ein mehr oder weniger katholisch geprägtes Leben zu führen pflegen; nein, Doderer, und das ist das nächste, das seine Geschichte für einen Abriß österreichischer Sinnlichkeit beachtenswert macht, Doderer war von seiner Herkunft her Protestant und hat sich erst als Erwachsener in einer sehr bewußten Entscheidung zum Katholizismus bekehrt. Wer vom Protestantismus zum Katholizismus findet, möchte ich einmal ein wenig ins Pauschale vermuten, der will aus der Vereinzelung in eine Kollektivität einkehren, er bricht aus der einsamen Zwiesprache mit Gott oder mit seinem Gewissen aus, weil er auf das Erlebnis einer bergenden, sinnlich erlebbaren Gemeinschaft hofft. Was einen Katholiken von einem Protestanten unterscheidet, ist doch, daß er eher der Macht der Bilder, denn der Worte erliegt, oder positiv gesagt: daß ihn eher Bilder als Worte ergreifen und er Religiosität sinnlich erfährt und erst dann ins Geistige umarbeitet.

Österreich ist bekanntlich ein Land der Gegenreformation, was heißt, daß eine teilweise schon dem Protestantismus anheimgefallene Bevölkerung einst in den Schoß der römisch-katholischen Kirche zurückgezwungen wurde. Gegen den *Wortglauben* der Protestanten, die alle ihre Forderungen mit Zitaten aus der Bibel bekräftigten, ja sich in ihrem Aufruhr wider Papst und Kaiser als jene Christen wähnten, die zum vergessenen Buchstaben Gottes zurückkehrten, gegen diesen evangelischen Wortglauben setzten die Gegenreformatoren auf das große, das Menschenmassen ergreifende und mobilisierende *Ritual*: auf Prozessionen und Wallfahrten und das ganze prächtige, sinnlich überwältigende Aufgebot, das eine barocke Volksfrömmigkeit zu entfalten vermag.

Es ist kein Zufall, daß wir heute nirgendwo in Europa auf eine solche Dichte von Festivals und anderen Formen einer schwindelerregend teuren Spektakelkultur treffen als in den Gebieten der Gegenreformation, wo die Bevölkerung einst mittels religiös bestimmter, aber ungemein weltlich praktizierter Volksfeste zurückgewonnen werden sollte – und wo diese Bevölkerung der religiösen Propaganda wiederum ihre sehr irdischen Genüsse abzupressen verstand.

Wenn ich mir die Abschweifung erlauben darf: Am weitesten verzweigt ist diese Spektakelkultur heute übrigens in Oberösterreich ausgebildet, das nicht zufällig ein Land der evangelischen Bauernrevolten und sodann der konsequentesten Gegenreformation war. In Oberösterreich ist es heute völlig unmöglich, daß sich ein Schriftsteller beispielsweise noch auf schlichte Weise hinsetzt, um ein paar Texte öffentlich vorzulesen, im Glauben an die Bedeutung des Wortes. Die Leute würden fragen: Und was soll dabei das Kunststück sein?

Wenn es sich um ein Festival der Regionen oder derlei handelt, muß es folglich schon eine Gruppe lyrischer Fallschirmspringer sein, die ihre Poeme während des Absprungs mittels digitaler Übertragung auf eine große Leinwand projizieren, sonst freut es die Leute nicht. Und natürlich darf auch keineswegs einfach nur Musik ertönen, es müssen schon sogenannte Klangwolken sein, die sich da auftürmen, so raffiniert und grandios, daß sich darunter die Menschen eng zu einer erregten Masse zusammendrängen und bei aller Freude am Spektakel doch stets auch die zitternde Verlockung verspüren, einfach niederzuknien, so überwältigt sind sie von dem, was ohnehin nicht begriffen, sondern rauschhaft empfunden werden will.

Die Gegenreformation, die das Volk zähmen möchte und dabei interessanterweise an seine Sinne appelliert, also davon ausgeht, daß die Sinne das Konservative am Menschen sind, diese Gegenreformation ist zugleich volksnah; sie weiß über die Sehnsüchte und die Begierden der Menschen besser Bescheid, sie bietet Masse auf und bietet der Masse nicht die reine religiöse Idee, sondern Bilder, Inszenierung, Theater; Bilder einer gleichgestimmten Masse, Inszenierung des Wunders, Theater manifester Körperlichkeit.

Wir sind also wieder bei Doderer und seinem Theater angekommen, das eher zufällig ein Theater der Perversionen war. Interessant an der geregelten, nachgerade konfliktfreien Abfolge von religiöser Versenkung und sadistischem Exzeß bei ihm war ja nicht nur der katholische Aspekt daran und auch nicht jener des Konvertiten, der offenbar erkannt hat, daß der Katholizismus fleischlicher, körperlicher ist als der Protestantismus und ihm daher näherkommt. Auffallend ist doch vielmehr auch, daß hier einer alle seine Sünden als pedantischer Buchhalter seiner Verfehlungen notiert, verzeichnet, mit Kürzeln und Siegeln versieht und auf den ständig wachsenden Aktenberg seines Lebens schichtet. Ein bemerkenswerter bürokratischer Akt; über Jahrzehnte als eine schier unermüdliche Selbstbilanzierung wiederholt.

Gewissenhaft wie nur je ein beflissener Staatsdiener verbucht Doderer seine sexuellen Grenzüberschreitungen, die ihn zu seiner Zeit, als derlei noch nicht für schick galt, allesamt ins Zuchthaus hätten bringen können. Da verstößt einer gewohnheitsmäßig gegen Sitte und Anstand, gegen Gesetz und Gebot, geht nach Hause – und legt einen Akt drüber an.

Mehr noch: Er bestimmt diesen Akt, seinen ganzen Nachlaß inklusive der gesamten sexuellen Buchhaltung von fünf Jahrzehnten, der österreichischen Nationalbibliothek. So vermeldet er einem Staat der Ewigkeit jene Übertretungen, die er stets nur im verborgenen praktizieren konnte. Es ist also weder Respektlosigkeit noch Nekrophilie, sein Seelendrama hier so ungebührlich auszubreiten, hat Doderer es doch gewissermaßen selbst für uns bestimmt; und für dieses Mal war nicht deswegen so ausführlich von ihm die Rede, weil er ein bedeutender Erzähler ist (und das wäre, alles in allem, für einen Erzähler ja doch das wichtigste), sondern weil sich an seinem, uns von ihm selbst überantworteten Drama einiges über Österreich erfahren läßt.

Was Doderer vereint, das ist nämlich der heftige, fortgesetzte Verstoß gegen die Ordnung mit einer prinzipiellen Zustimmung zu dieser Ordnung. Zu fragen wäre, ob er mehr die Ordnung repräsentierte oder den Verstoß gegen sie. Vielleicht könnte man aber auch sagen, daß er die Ordnung gerade repräsentierte, indem sie verletzte, ja daß die Verletzung der Ordnung die ihm angemessene Form ihrer Verherrlichung war.

Doch weiter: Er, der Schriftsteller, ein Mann des Wortes also, verherrlicht zeitlebens eine Kultur der Körperlichkeit, der das Wort, das geistliche wie das weltliche, das der Kirche wie jenes des Strafgesetzbuches, nicht viel, der die Inszenierung, auch die Selbstinszenierung, das grausame wie das komische Theater alles gilt.

Und noch weiter: Dieses sein unwürdiges Tun ist ihm so wert, daß der eitle, um seine Ehre so besorgte Mann es minutiös verbucht und kommenden Geschlechtern zur Kenntnis gibt.

Da kommt, könnte man sagen, ziemlich viel zusammen: Verstellung, aber auch Trotz ist darunter, Staatsfrömmigkeit, aber auch Revolte, bürokratische Lebenskälte, aber auch eine unberechenbare, den Mächten wie dem eigenen Ansehen gegenüber gleichgültige Komik.

Vor allem aber zeigt ein Mensch, zeigt eine Kultur, welchen diese Verknotung eignet, sich grundsätzlich *therapieresistent*.

Die Gegenreformation, um zum letztenmal auf sie zurückzukommen, hat an die Sinne, die Sinnenfreude, die sogenannten niederen Instinkte des Volkes appelliert, um es der Kirche zurückzugewinnen. Meine These ist hier, daß die Gegenreformation, als großer Versuch, das Volk zu zähmen, dieses in Wahrheit über Jahrhunderte absolut therapieresistent gemacht hat. Wie Sie wissen, sind in österreichischen Landen nirgendwo so viele uneheliche Kinder gezeugt worden wie am Rande oder im Ausklang kirchlicher Feste und Feiern. Die

Sinnlichkeit läßt sich eben nicht folgenlos hochreizen und benützen, sie läßt sich, einmal geweckt, nicht auf die süße Innigkeit des Gesangs, die Anbetung ungemein körperlich gesehener Heiliger, die Verehrung Mariens, die Emphase gemeinschaftlichen Betens, Wallfahrtens, Prozessionsgehens beschränken.

Was sich, im Schatten der frommen Sinnlichkeit, herausbildet, das ist eine Sinnlichkeit, die sich von ihrer religiösen Fassonierung emanzipiert, gleichwohl vielfach auf sie bezogen bleibt. Bis heute können wir locker geknüpfte oder auch heillos verknotete Verbindungen zwischen diesen beiden Formen der Sinnlichkeit in Österreich feststellen; hier ist nicht der Ort, es weiter auszuführen, aber ich möchte immerhin betont haben, daß einer unserer auffälligsten ästhetischen Landpfarrer, der Aktionskünstler Hermann Nitsch, Erfolg wie Wirkung gerade aus diesem Wechselspiel bezieht.

Im Schatten der religiösen Sinnlichkeit, die in Österreich ihrerseits schon enorm viel Fleischlichkeit aufbietet, wie wir noch in unseren Dorfkirchen erkennen können, wächst also eine weniger sublimierte, rohere, weltliche Sinnlichkeit des gegenreformatorisch erzogenen, therapieresistent gewordenen Volkes. Nicht selten verbindet sich diese Sinnlichkeit mit ungehobelten, aggressiven Formen der Komik. Ich möchte Ihnen ein Beispiel geben.

Im Juli 1772 schreibt *Eva König*, die Freundin des deutschen Aufklärers *Gotthold Ephraim Lessing*, diesem einen Brief aus Wien. Mit innerer Bewegung schildert sie, wie in Österreich eines seiner Theaterstücke aufgeführt worden sei. Selbst der Kaiser, der bei der Aufführung zugegen war, habe gemeint, ich zitiere Eva König, er »hätte niemals zuvor *so viel lachen hören.*«

Nur, das Stück, bei dem so viel gelacht wurde, war – ein *Trauerspiel*. Genauer: »Emilia Galotti«, eines der ersten bürgerlichen Trauerspiele der deutschen Literatur, dem man schon mancherlei vorgeworfen hat, etwa daß es mitsamt sei-

nem moralischen Anliegen doch ein wenig ermüdend dahin-
klappere; daß es lustig oder gar zu lustig sei, das hat freilich
noch niemand behauptet. Immerhin geht es darin um eine sitt-
same Bürgerstochter, die sich den Nachstellungen eines aristo-
kratischen Wüstlings nicht mehr erwehren kann und in äuße-
ster Not ihren Vater, den ehrbaren Bürgersmann, bittet, sie zu
erdolchen, anders sie denn dem Bett des Despoten nicht länger entgehen kann.

Bei seinen Aufführungen in Deutschland ist dieses Stück
daher stets als vehemente Kritik feudaler Willkür, als eine Verherrlichung der überlegenen bürgerlichen Moral und der
standhaften Tugend aufgenommen worden. Die Zuschauer
waren allenthalben aufgewühlt, ergriffen, erschüttert, empor-
gehoben. Allein in Wien – lachte man. Eva König berichtet,
der Darsteller des Vaters sei, nachdem er die Tochter der Ehre
wegen vorsorglich und auf ihren keuschen Wunsch hin ersto-
chen, mit wilder Grimasse und rollenden Auges über die Bühne
geschlichen, um es sich schließlich bequem zu machen und
genüßlich schmatzend das Blut vom Dolche zu lecken.

Es handelt sich natürlich um eine frühe Form des
Regietheaters, welches sich nicht um die Intentionen des
Autors bekümmert, sondern kenntlich macht, was der Text
entgegen der bewußten Absicht des Autors sonst noch alles
bedeuten kann.

Selbstredend war Lessing empört, natürlich kehrt seine
Kritik seither in den erbosten, verachtungsvollen Reiseberich-
ten, die die deutschen Aufklärer über Österreich und über
Wien verfaßten, immer wieder: Dieses österreichische Volk sei
grob, den sinnlichen Genüssen verfallen, höherer moralischer
Argumentation nicht fähig und der Vernunft nicht zugänglich.
Tatsächlich könnte man sagen, die rohen Österreicher hätten
Lessing, hätten die hehren Anliegen der bürgerlichen Aufklä-
rung nicht im mindesten verstanden.

Man könnte aber auch das Gegenteil vermuten und
behaupten, das plebejische Theater habe Lessing sehr gut, nur
zu gut verstanden. Und es habe in der gnadenlosen Travestie,

in der Grobheit, mit der es klirrend abstrakte Themen auf die Sinnlichkeit des blutschleckenden Vaters herabzerrte, etwas vom Wesen der bürgerlichen Aufklärung erfaßt, was die hochmögenden deutschen Aufklärer nie und nimmer von sich selbst erahnten. Was durch die volkstheatralische Wiener Version eines norddeutschen Aufklärungsstücks gezeigt wird, das ist das sexuelle Unterfutter eines eleganten Mantels, der aus nichts als Tugend geschneidert scheint.

Indem der Mantel unvermittelt aufklappt, ist ein Moment höchster Komik gegeben. Diese Komik ist entlarvend, sie ist aber deswegen nicht von selbst schon demokratisch. Die Klage der Aufklärer, in Wien regiere die Sinnlichkeit und nicht die Vernunft, bezeichnet Verhältnisse, die nicht einfach als besser oder schlechter, ehrlicher oder verlogener zu bewerten sind. In diesen Verhältnissen keimt vielmehr sowohl die *Revolte* als auch die *Barbarei*.

In jener Zeit konnte es in Österreich passieren, daß in einem ganz harmlosen, völlig unpolitischen und einzig der rohen Unterhaltung gewidmeten Stück die Rolle des Prinzen mit einem tapsigen Bären besetzt wurde, der am Nasenring über die Bühne gezogen wurde. Solch unmittelbar einprägsame, eruptive Überwindung von Untertanengeist und Obrigkeitsfurcht war den gelehrten Aufklärern mitsamt ihren gesammelten Versuchen, die Freiheit sprachlich und logisch zu begründen, völlig unerreichbar. Zur selben Zeit war es in Wien freilich auch der Brauch, sein Vergnügen als Zuschauer bei sogenannten Tierhatzen zu suchen, wo Tiere zum Gaudium aufeinander und zu Tode gehetzt wurden.

Im Aufstand der Sinne, die sich an dem Geist rächen, der sie rief, in der rabiaten Komik, welche die hehren Gedanken in den Morast zieht, keimt also die Revolte gleich wie die Barbarei. Ich möchte die Möglichkeiten, die in der sinnlichen Komik mit ihrer Zurschaustellung des Körpers und seiner Gebrechen liegt, in dieser brachialen Gewohnheit, der geschwollenen Phrase die demonstrative Rohheit, ja einen lustvollen Primitivismus entgegenzusetzen, hier gar nicht weiter ausführen. Aber ich hoffe, daß völlig klar geworden ist, meine Damen und Herren, Brüdern und Schwestern, daß zwei so verschiedenartige Charaktere wie *Hermes Phettberg* und *Karl Moik* gleichermaßen tief und fest in der österreichischen Geschichte verwurzelt sind; und daß es sich bei der Netten-Leit-Show, die für kritisch, und beim Musikantenstadl, der für affirmativ gilt, nur um zwei allerdings weit divergierende Formen der nämlichen Spektakelkultur handelt, wie sie sich im Zusammenhang mit all den Dingen herausgebildet hat, von denen ich schon gesprochen habe.

Phettberg vermag die gebildeten Schichten zu begeistern, just indem er trotzig die Krankheit seines *eigenen Körpers* zur Schau stellt; Moik weiß umgekehrt die *Körper der anderen*, nämlich von annähernd fünftausend Zuschauern, in die Bewegung des Schunkelns zu bringen, just indem er stolz auf der vermeintlichen Gesundheit seines sogenannten Hausverstands beharrt. Phettberg arbeitet, als wäre es eine Hetz aus Lessings Zeiten, mit seiner *Fettleibigkeit*, Moik, als wäre er eine Parodie auf die Vorurteile, die die deutschen Aufklärer gegen Österreich hegten, mit seiner *Geistlosigkeit*.

Selbstbewußt wissen sie beide gerade ihre *Defizite* zu präsentieren, und daran liegt tatsächlich ein revoltierender und ein barbarisierender Faktor. Bei Phettberg, der sich dem »Triumph der Schönheit und des Willens«, wie er von Leni Riefenstahl längst auf die Werbebranche überkommen ist, triumphierend mit seiner Hinfälligkeit und seinem überlegenen Lachen über sie entgegenstellt, ist der revoltierende Faktor natürlich größer – wenngleich auch in seiner Show die barbarisierenden Elemente nicht ohne Bedeutung für den Erfolg des ganzen sind. Bei Moik könnte von Revolte nur insofern gesprochen werden, als er tatsächlich alle Schranken, die ein bildungsbürgerliches Verständnis von Fernsehen jemals gehabt haben mag, aggressiv zur Seite räumt, als wäre es von alten Zeiten herauf die einzige Form österreichischer Widerständigkeit gewesen, immer wieder über alle geistigen Anforderungen einen rauschhaften »Triumph der Barbarei« zu inszenieren.

In der großen Kathedrale der österreichischen Sinnlichkeit zelebriert Moik daher vor dichtgedrängtem Volk im Hauptschiff, indes Phettberg seine Gemeinde vor einem kleinen Nebenaltar zur frommen Stunde der Ketzerei bittet. Tatsächlich ist aber beider Beziehung zu ihrem Publikum eine durchaus populistische, und man sollte, bloß weil der eine uns an seinem Lachen *leiden* läßt und der andere uns über sein Leiden *lachen* macht, über den ins Auge springenden Unterschieden nicht die geheime Verwandtschaft übersehen, die zwischen beiden besteht: es ist die Verwandtschaft zwischen dem Spießer und dem Exzentriker, der oft übrigens nur ein überspannter Spießer ist, oder anders gesagt: Es ist die Verwandtschaft zwischen einer spießigen Mobilmachung und einer exzentrischen Auslegung der österreichischen Sinnlichkeit.

Seltsam übrigens, daß Phettberg, dessen Verführung so viele bedeutende Österreicher erlagen, ausgerechnet Karl Moik nicht für einen Auftritt in seiner Talk-Show gewonnen hat. Es wäre dabei zu einer interessanten Begegnung zweier Formen von Lachen gekommen. Während bei Phettberg nämlich fortwährend das Publikum lacht, so daß es die subtiler gesetzten Pointen Phettbergs durchaus mit Lachen zuschüttet, lacht im Musikantenstadl fast ausschließlich Moik selber, und zwar in der bleckenden Variante. Phettberg ruft also das Lachen *der anderen* hervor, indem er sich selber aufs Spiel setzt, indes Moik das Volk so sehr inkorporiert hat, daß er ganz im Ernst *an dessen Stelle* lachen kann.

Damit verliert natürlich auch das Lachen seine ungezähmte, unberechenbare Kraft und erstirbt zur autoritären Geste, zu einer Gebärde von Macht und Beherrschung. Der König lacht, also hat sich im Hofstaat Fröhlichkeit breitzumachen. Freilich ist Moik kein Herrscher von Geblüt, sondern von seiner Herkunft wie seinem Trachten ein echter Volkskönig, so daß wir an seinem Lachen ermessen können, wie sich das Volk seiner Waffe des Lachens selber begeben hat.

Es ist hier an der Zeit, ein paar grundsätzliche Anmerkungen über das Lachen und das Jammern nachzutragen. Im Lachen, wie ich versucht habe zu zeigen, setzt sich der widersetzliche Lebensimpuls eines Volkes frei, das sich seit der Gegenreformation als therapieresistent erweist. Nun hat aber kein Mensch solche psychischen und physischen Kräfte, daß er den schlechten Verhältnissen und den guten staatlichen, religiösen, moralischen Vorschlägen, statt diesen Verhältnissen doch lieber *sich selbst zu bessern*, immer nur mit Lachen kontern könnte. Er muß schon auch jammern können! Das Jammern ist im Vergleich zum Lachen eine defensive Form, sich mit dem, was einem zugemutet wird, auseinanderzusetzen. Als gesellschaftlicher Akt verstanden, gehört das Jammern gewiß zur Sphäre der höheren Kultur, setzt es doch eine Reife voraus, die sich erst dort einstellt, wo die reine Unmittelbarkeit überwunden ist. Denn mit dem Jammern will man unmittelbar gerade gar nichts erreichen, und nichts bringt einen Jammerer in größere Verlegenheit, als wenn man ihn wörtlich nimmt und dem Anlaß seines Jammerns Abhilfe verschaffen möchte. Solches Mißverständnis hat schon viele grobe Zerwürfnisse zwischen dem Jammerer und jenen, die ihm helfen wollten, provoziert.

Das Jammern ist ja etwas ganz anderes als beispielsweise das Klagen oder das sich Empören. Wer Schmerzen hat, *klagt*; nur wenn er Schmerzen hat, die er nicht wirklich beseitigen möchte, *jammert* er. Wer Zahnweh hat, klagt, er klagt, bis er beim Zahnarzt war und sein Schmerz beseitigt ist. Wen es in der Seele schmerzt, aber so, daß er sich ohne dieses schmerzliche Gefühl furchtbar verlassen erschiene, weil ihm dieses Gefühl eigentlich der verläßlichste und liebste Begleiter geworden ist, der jammert.

Indes das Klagen wie das Sichempören zielgerichtete Äußerungen darstellen, die nach einer Veränderung des beklagenswerten oder empörenden Zustands drängen, sorgt das Jammern umgekehrt gerade dafür, daß es bleibt, wie es ist.

Wir alle wissen, daß es in Österreich in allen Schichten und Altersstufen eine staunenswert große Zahl von Virtuosen des Jammerns gibt, die über die elementaren Anfangsgründe dieser Kulturtechnik weit hinaus geraten sind und es mit Leichtigkeit zuwege bringen, über jedes beliebige Vorkommnis beliebig intensiv und lange zu jammern. Das heißt, es gibt eine große Zahl von approbierten Jammerern unter uns, die an den Zuständen im allgemeinen und ihrer Demütigung im besonderen auf eine solche Weise leiden, daß Sie lustvoll an den Fortbestand jener Zustände fixiert sind.

Hier schließt sich der Kreis zu Doderers Verstößen gegen eine Ordnung, die er grundsätzlich nicht in Frage stellt, und auch dem bürokratischen Aspekt, der ihn so eindrücklich bestimmte, begegnen wir bei dem Jammerer wieder. Das Jammern stellt ja überhaupt weniger einen Akt intimen Unmuts dar als eine staatsbürgerliche Manifestation. Der Mensch erfaßt sich nämlich im Jammern als Teil einer Gemeinschaft, an die er unauflöslich durch heftige Abneigung gekettet ist.

Was nun das Lachen und das Jammern betrifft, so möchte ich zu folgender Verallgemeinerung kommen: Ist das Lachen in Österreich ein sicheres Indiz dafür, daß es um etwas Ernstes geht, zeigt das Jammern an, daß nichts Gravierendes vorliegt. Man sollte also Ausländer, denen die Symbolik unserer Äußerungen noch nicht so vertraut ist, nach Möglichkeit darüber aufklären, daß Vorsicht angebracht ist, sobald wo gelacht wird, und Entspannung angesagt ist, wenn gejammert wird.

Ich möchte mit einer kleinen Geschichte schließen, die ins Therapeutenmilieu führt. Vor einiger Zeit konnte ich im Fernsehen eine Dame beobachten, deren Verdienste um die Entwicklung therapeutischer Institutionen in Österreich ich nicht zu beurteilen vermag. *Rotraud A. Perner* also hatte sich als Gast der Netten-Leit-Show mit Phettberg den üblichen Diskurs entlang der Peinlichkeit geliefert, ehe auch sie vor das Abgangsritual dieser Show gestellt wurde, das darin besteht, daß der Gast, ehe er verschwindet, mit Bällen jahrmarktsgemäß möglichst viele Dosen umzuwerfen hat.

Die sanfte Therapeutin unterzog sich dem Ritual mit der gequälten Bemerkung, es widerstrebe ihr, sich in solch aggressive Handlung treiben zu lassen, wie es das gezielte Schmeißen von Gegenständen darstelle. Lieber wäre ihr, sie müsse nach den Dosen nicht werfen, sondern dürfe sie – *streicheln*.

Ich möchte nicht entscheiden, ob es sinnvoll ist, über die therapeutische Resistenz zu klagen, zu jammern oder zu lachen; aber wenigstens dort, wo der *Humanität* wegen Dosen gestreichelt werden sollen, möchte ich mich doch als patriotisches Kind meines therapieresistenten Volkes bekennen und behaupten, daß die therapeutische Resistenz auch einen vernünftigen Akt der Notwehr darstellen kann, der, wenn schon sonst nichts, wenigstens die Sprache unversehrt erhalten möchte.

»Doch alle Lust will Ewigkeit ...«

Ein (theoriegeschichtlicher) Streifzug
am San-Andreas-Graben der Psychoanalyse

Bekanntlich bezeichnet der San-Andreas-Graben jene parallel
zur kalifornischen Pazifikküste verlaufende und stellenweise
sogar mit bloßem Auge sichtbare Erdspalte, in der zwei gegen-
einander bewegliche Erdplatten, nämlich die amerikanische
und die pazifische, aneinandergrenzen. Sie tun dies in mitunter recht unsanfter Weise, so daß den Bewohnerinnen und
Bewohnern vor allem in der Region zwischen Eureka und San
Diego wegen der im Grunde permanent drohenden Erdbeben-
gefahr höchste Verdrängungsleistungen abverlangt werden. In
der Tat ist das Bild des San-Andreas-Grabens ebenso archa-
isch wie martialisch: aufplatzende Erdkrusten, aneinander-
reibende Erdplatten, Tanz auf dem Vulkan und Sitz auf dem
Pulverfaß sind allfällige Assoziationen und längst nicht abgedroschen genug, um nicht doch lebhafte Phantasien zu gene-
rieren und an sich zu binden.

Die Geotektonik, also die Theorie der tektonischen
Platten und deren Bewegungen, beschreibt das, was im Andreas-Graben und dessen Umgebung auf ebenso kryptische
wie aufmerksamkeitsheischende Weise geschieht, folgen-
dermaßen: Unter der festen Erdkruste, der oberflächlichen
Lithosphäre, befindet sich eine heiße, flüssigere Schicht, die
sogenannte Asthenosphäre. Die feste Erdkruste – nichts Ge-
ringeres als unser fester Boden der Tatsachen ... – schwimmt
also gleichsam auf einem flüssig-beweglichen Untergrund und
ist zudem in mehrere, nebeneinanderliegende Platten zerbro-
chen. Diese tektonischen Platten sind ständig in Bewegung; sie

ziehen in gegenläufiger Richtung aneinander vorbei, schwingen miteinander. An manchen dieser Nahtstellen kommt es zu Eruptionen von flüssigem Magmamaterial, das zu neuer Erdkruste erkaltet. Diese Neubildungen nun drängen, raumgreifend, just die Platten auseinander, an deren Saumspalten sie entstanden. Die Folge sind weitere Risse, Brüche, Spalten und Falten in der Oberfläche der jeweils beteiligten Platten selbst, aber auch – einer Kettenreaktion vergleichbar – Kollisionen zwischen entfernten Plattensystemen sowie Aufwerfungen an anderen Nahtstellen. Zumindest vorübergehend Zusammenpassendes, in Form und Gestalt einigermaßen aufeinander Bezogenes, mitunter in den Zeitläuften auch sensibel aufeinander Justiertes, gerät in Turbulenzen, verändert seine Konturen und will nicht mehr ineinandergreifen, bringt so die Bewegung zum Sistieren, verhakt und blockiert sich, um sich dann gewaltsam wieder voneinander zu lösen. Erdbeben, Vulkanausbrüche (an den sog. Hot spots) und sekundäre Naturkatastrophen sind die Folge. Die als San-Andreas-Verwerfung bekannte Bruchzone ist ein prominentes Beispiel für beide aufeinander bezogenen tektonischen Vorgänge: ihrer *Topik* nach markiert sie den zum benachbarten Plattensystem abgegrenzten Rand der amerikanischen Erdplatte und ist in ihrer *Topographie* doch auch zugleich ein sichtbarer, gar vermeßbarer Riß innerhalb dieses Systems selbst.

Es ist an der Zeit zu versichern, daß dieser Text – dem ersten Anschein zum Trotz – durchaus von Psychoanalyse handelt. Abgesehen davon, daß räumliche Metaphern eine lange Tradition in der (Selbst-)Darstellung psychoanalytischer Denkwelten haben, vergegenständlichen sich, wie ich meine, gerade in der Metapher der tektonischen Platten zahlreiche der markantesten Aspekte der psychoanalytischen (Erkenntnis-)Theorie und ihrer Geschichte. Wenn ich nun im folgenden zunächst eine kleine Auswahl von Stichworten und möglichen Ebenen gebe, auf denen sich in meinen Augen assoziativ-metaphorische Verknüpfungspunkte zum San-Andreas-Graben anbieten, so möchte ich zugleich in aller gebotenen spielerischen Leichtigkeit vorschlagen, in der Metaphorik des Ortes ein Abbild, ein Szenario jenes so überaus spannungsreichen Ringens um das epistemologische Selbstverständnis der Psychoanalyse zu sehen.

Besonders am Herzen liegt mir die *Freud*sche Vorstellung über die innere Verfaßtheit des Subjekts, das im geotektonischen Bild der Welt auf so hervorragende Weise seine metaphorische Entsprechung findet – man denke nur an jenes fragile, dezentrierte, kurz: »schwimmend« und beweglich ausgelegte, seiner selbst nie innewerdende, nie vollständige Gewißheit über sich erlangende Subjekt, wie es in seiner kompromißlosen Formulierung gegenstandsbildend für das ebenso umwälzende wie anstößige Projekt der psychoanalytischen Aufklärung wurde. Die genuin psychoanalytische Denkbewegung läuft der beschwichtigenden Synthese zuwider, sie unterläuft die augenscheinliche innere Konsistenz und Kohärenz des »In-Dividuums« sowie die Fiktion einer soliden Geschlossenheit seiner Oberfläche, gemeinhin »Persönlichkeit« genannt und zuweilen, nicht nur von Adorno, von ihm aber am beißendsten, mit Hohn und Spott bedacht (vgl. hierzu vor allem Adorno 1966). Die Psychoanalyse Freuds, insbesondere in ihrer vielleicht provokantesten Funktion, nämlich als Erkenntnistheorie, führt das Immer-schon-Gewesene, ja mehr noch: das Immer-schon-*so*-Gewesene als historisch Gewordenes und damit in seiner Gestalt Veränderliches vor und beabsichtigt, ganz im Gegensatz zum bürgerlichen Selbstmißverständnis, die Auflösung der harmonisierenden Totalität. Ihr Erkenntnisinteresse zielt auf Entbindung jener Kräfte, die Ganzheitlichkeit simulieren wollen, auf die Entmythologisierung »unseres ältesten Glaubensartikels«, wie *Nietzsche* (1966/1977, S. 777) die Vorstellung eines kontingenten Ich nannte, auf Dekonstruktion im weiteren Sinne also. (Diese Intention aufgreifend spricht Thomas Mann im Zauberberg von »Seelenzergliederung«, und auch Jean Laplanche übersetzt Psychoanalyse mit »Seelenauflösung«.) Daß all dies dem bürgerlichen Subjekt eine Zumutung sein muß, dessen es sich zu erwehren sucht, war Freud von Beginn an klar, weshalb er die Psychoanalyse neben den kopernikanischen und darwinistischen Weltbildkorrekturen zu den drei großen Kränkungen zählte, die die Wissenschaften der Menschheit zufügte. So ist es denn auch nicht wirklich verwunderlich, daß sich das Subjektverständnis Freuds von Anbeginn seiner theoretischen, metapsychologischen Entfaltung den vielfältigsten Verwerfungen ausgesetzt sah, und ich empfehle den Begriff der *Verwerfung* hier in seiner doppelsinnigen Bedeutung von sowohl Verneinung, Auslöschung, Rückgängigmachung als auch Verzerrung, Überformung, Deformation. Dies ist der metapsychologische, mit der *inneren* Struktur psychoanalytischen Denkens befaßte Strang, der sich assoziativ mit dem San-Andreas-Graben verknüpft und mit Freuds illusionsloser Diagnose seiner gesellschaftlichen Unverträglichkeit bereits eine andere Ebene anklingen läßt: die der psychoanalytischen Theoriegeschichte.

Kein Zweifel: Die psychoanalytische Wissenschaft hat in ihrer Geschichte bereits viele, auch überaus heftige Erschütterungen erlebt, buchstäblich in jeder Hinsicht. Ich denke hier etwa – und will es bei einer bloßen Andeutung auch belassen – an die zahlreichen Spaltungen, Zerwürfnisse, Schulenbildungen, an die zuweilen recht merkwürdigen Koalitionen, Fraternisierungen, persönlichen Animositäten und Sympathien im Beziehungsgeflecht. Ob »The Big One«, also das große Beben der Psychoanalyse, bereits darunter war, liegt allerdings im Auge der Betrachterin beziehungsweise des Betrachters und soll hier nicht entschieden werden. Wo auch immer man diese Beben auf der imaginären, nach oben offenen seismometrischen Skala aber veranschlagen mag – eines scheint gewiß: Ebensowenig wie die Textur der Erde statisch und immer gleich ist, so ist auch die Psychoanalyse als lebendige, pulsierende Wissenschaft nicht in sich ahistorisch, ewig gleich und unveränderlich. Auch sie unterliegt Verschiebungen, wobei allerdings zwischen mutwilligen Eingriffen in die Statik einerseits und der immanenten und im Grunde auch historisch unausweichlichen Ausdifferenzierung des theoretischen Gesamtkorpus zu unterscheiden wäre. Nietzsche gab ja zu bedenken, die Größe eines Fortschritts ließe sich an der Masse dessen messen, was ihm alles geopfert werden mußte (1887, S. 819). Auch wenn er in der Bewertung dieser Formel und in seiner Bereitschaft zur Hinnahme des Verlusts zugunsten des *progressus* eine gewisse Ambiguität an den Tag legte, so halte ich dies, eher in Absetzung zu Nietzsche gelesen, für eine wahrlich treffliche Richtschnur. In der Tat nämlich bemißt sich der Wert eines Fortschritts an dem Preis, der dafür zu entrichten ist – allerdings, wie hinzuzufügen wäre, in umgekehrt proportionalem Verhältnis: je mehr in Verlust gerät, desto fragwürdiger, wie ich meine, der Fortschritt.

Natürlich drängt sich in diesem Zusammenhang vor allem der Gedanke an das Schicksal der Triebtheorie in der an Wechselfällen nicht eben armen Wissenschaftsgeschichte der Psychoanalyse auf. Obgleich es zweifellos etliche Beispiele der Revision, der Umschreibung, Verwerfung und Verwindung von psychoanalytischen Begriffskonstrukten und Theoremen gibt, scheint doch keines von so zentraler und in diesem Sinne paradigmatischer Bedeutung zu sein wie die Auseinandersetzung um die Konzeption der *Libido*, formt die *Triebtheorie* doch die Bias der genuin psychoanalytischen Metapsychologie und ihrer vornehmsten Einsichten, ist ihre begriffslogische der Libido doch der eigentliche Träger dessen, was Aufklärung im Kontext einer psychoanalytischen Erkenntnistheorie heißen kann. In der Tat gehen in der Theoriegeschichte der Psychoanalyse nach Freud im Grunde alle Revisionen und Neuentwürfe, alle in ihrem Gegenstandsbereich vorgenommenen Verschiebungen und Neuordnungen auf Angriffe auf und Eingriffe in die Triebtheorie zurück. Oder auf eine einfache Formel gebracht: Jede Form der Marginalisierung, Banalisierung, Umdeutung oder Verwerfung der Freudschen Triebtheorie hat grundlegende Auswirkungen auf die Statik des psychoanalytischen Theoriegebäudes zur Folge, setzen sie doch direkt am Fundament und seinen tragenden Stützpfei-

29

lern an. Vor diesem Hintergrund empfiehlt sich das psychoanalytische Kernkonstrukt der Libido als emblematischer
Knoten- und Kreuzungspunkt sowohl immanent metapsychologischer und erkenntnistheoretischer als auch zugleich theoriegeschichtlicher und begriffsdifferentieller Betrachtungen.

Ein von Mehrdeutigkeiten so durchzogenes, ja nachgerade überdeterminiertes Terrain wie dieses zwingt allerdings
zu einer Akzentsetzung. Ich schlage daher einen einem vom
Genius loci des San-Andreas-Grabens inspirierten Streifzug
nicht so sehr in der Zeit als vielmehr im Gegenstandsbereich
selbst vor, der zwei miteinander korrespondierende, indes
deutlich voneinander unterschiedene Perspektivpunkte aufsuchen wird. Zunächst will ich den Riß in der Tiefe selbst,
also, metaphorisch formuliert, die innere und für die Charak-
teristik des Ortes konstitutive, wenn auch verborgene Topo-
logie des Andreas-Grabens einer Prüfung unterziehen, und
danach, in einem zweiten Schritt, die sichtbaren topographischen Verwerfungen an den Rändern, die Gestaltveränderun-
gen also, wie sie sich im Lauf der Zeit gebildet und umgebil-
det haben, thematisieren.

Was ist es, faustisch gefragt, was nach Dafürhalten der Psychoanalyse die (psychische) Welt im Innersten zusammenhält,
was ist des Pudels Kern in der Freudschen Psychoanalyse?
Eine mögliche Antwort lautet in beiden Fällen, so paradox es
auch klingen mag: Es sind Widersprüche, Gegenläufigkeiten
und ein vielschichtiges Geflecht dialektischer Bezüge.

Was die Eigenheit der Denkbewegung anbelangt, so ist
zunächst einmal unschwer zu erkennen, wie Freud die Conditio humana zeitlebens in einem bipolaren Spannungsgefüge
beschrieb, wie er die Analyse der psychischen Konstitution des
Subjekts in unvermeidlich konflikthaften Antagonismen, ja
zuweilen gar in von Antinomien durchzogenen Spannungsfel-
dern entfaltete. Selbsterhaltung und Libido, Ich-Libido und
Objektlibido, Eros und Thanatos, Innenwelt und Außenwelt,
Ich und Objekt, Subjekt und Kultur, Triebanspruch und Ver-

bot, Lust und Schuld, und schließlich libidinöser Wunsch und kulturelle Verzichtsforderung, um nur einige zu nennen, wären solcherlei in höchstem Maß dialektisch ineinander verwobene Antagonistenpaare, die sich wechselseitig, mutuell, hervorbringen, um dann, auf diese Weise in Erscheinung getreten und wirksam geworden, das historische, das heißt das *in der Zeit* situierte, männliche oder weibliche Subjekt zu konstituieren. Pointiert formuliert könnte man auch sagen: Die Konsistenz der psychoanalytischen Erkenntnistheorie und das Substrat ihrer Aufklärung liegen in eben jener Einsicht in die Zerrissenheit und Inkonsistenz der Subjekte begründet – die ontogenetische Konstitutionsanalyse und die Analyse der inneren Ausgelegtheit dieses *dezentrierten* Subjekts ist ihr ureigenster Gegenstand.

Die für meine Begriffe genial schnörkellose und zugleich in erkenntnistheoretischer Hinsicht weichenstellende Figur in Freuds Denken, die alle anderen metapsychologischen Konzepte in nuce einschließt, ist die von Freud ebenso beharrlich wie kategorisch in Szene gesetzte Unterscheidung zwischen der Ordnung der sogenannten Ich-Triebe, also der Selbsterhaltungsinteressen, und der Ordnung der Libido als je eigene, voneinander getrennte motivationale Stränge im Psychischen. Kurz: Die erste Fassung der Triebtheorie, die von der zweiten im Grunde niemals wirklich ersetzt, sondern mit Hilfe der Narzißmustheorie nur immer weiter ausbuchstabiert wurde.

Wollte man dies wieder an die Metapher der tektonischen Platten rückbinden und die immanente Veränderung eines theoretischen Entwurfs in der Zeit betrachten, könnte man von zwei eigenlogischen Systemen sprechen, die zunächst und auf den ersten Blick in relativ gut abgestimmter Zusammenpassung beieinanderzuliegen scheinen, dann aber im weiteren Verlauf der Analyse allmählich ihre Reibungskonflikte, ihre Verkantungen und Gegenläufigkeiten, ihre posteruptiven Verkrustungen offenbaren – und dies sowohl in ontogenetischer wie in ideengeschichtlicher Hinsicht. Zugleich geraten mit der genaueren Erkundung dieser zunächst monolithisch anmutenden tektonischen Systeme und deren Verhältnis zueinander mehr und mehr auch die feinen Sprünge, Risse und Bruchstellen in den Platten selbst ins Blickfeld. In der Freudschen Psychoanalyse steht hierfür die immer filigranere Züge annehmende metapsychologische Ausformulierung des Begriffskonstrukts der Libido, dem – einmal in seiner Eigenschaft als Primum movens des Psychischen erkannt – eine basale gegenstandsbestimmende Bedeutung zuerkannt wird. Anders nämlich als die ja nicht wirklich humanspezifische Dimension der auf Selbsterhaltung gerichteten Aktivitäten eines jeden Organismus befindet sich das Libidinöse auf erkenntnistheoretisch viel anspruchsvollerem, weitaus komplexerem Niveau, reicht es doch gleichermaßen in die Natur- wie auch in die Kulturhaftigkeit des Menschen hinein und birgt nicht zuletzt durch diese Hybridgestalt eine profunde Konfliktträchtigkeit, deren Unausweichlichkeit der Conditio humana ihr spezifisches Gepräge verleiht. Freud selbst schätzte die Ich-Triebe als relativ konstant und wenig störungsanfällig ein, wohingegen er der Libido eine hohe Plastizität – auch und vor allem in pathogener Hinsicht – zuschrieb: »Ich würde mich nicht verwundern«, schrieb er in seinen »Vorlesungen zur Einführung der Psychoanalyse«, »wenn sich das Vermögen der pathogenen Wirkung wirklich als ein Vorrecht der libidinösen Triebe herausstellte, so daß die Libidotheorie auf der ganzen Linie von den einfachen Aktualneurosen bis zur schwersten psychotischen Entfremdung des Individuums ihren Triumph feiern könnte« (1916/1917, S. 445). Auch wenn diese Erwartung, mit ihr den Passepartout schlechthin in den Händen zu halten, im weiteren Verlauf seiner metatheoretischen Arbeit einige Dämpfer erfahren sollte, so bleibt die Freudsche Libidokonzeption dennoch ein für genuin psychoanalytisches Denken zentrales und unverzichtbares Instrument von immenser erkenntnislogischer Tiefenschärfe und einer analytischen Kraft, die sich vor allem der ebenso kühnen wie konsequenten Ablösung des Begriffs der Sexualität von der Fortpflanzungsfunktion verdankt: darüber gab es, wie Freud lapidar kommentierte, »Lärm genug in der strengen, vornehmen oder bloß heuchlerischen Welt« (1920, S. 55).

Wenn nun im folgenden der Frage nachgegangen werden soll, was es mit der inneren Struktur der Libido auf sich hat, so kann dies zugleich als ein Beitrag zu der (theoriegeschichtlichen) Frage verstanden werden, warum (und wie) sich die Statik des psychoanalytischen Theoriegebäudes verändert – parteilich formuliert: labil wird –, und ferner, wie der Gegenstand des psychoanalytischen Denkens – nun tendenziös formuliert – gesichts- und konturlos wird, wenn diese für das Projekt der psychoanalytischen Aufklärung wesentlichen Einsichten über die Bedeutsamkeit des Libidinösen, des Sexuellen aus dem Diskurs ausgeklammert oder durch trivial-harmlose Unanstößigkeiten überformt und substituiert werden.

Erinnern wir uns der Grundformel Freuds, nach der die Gesamtheit der psychischen Aktivität die Vermeidung von Unlust und die Erlangung von Lust zum Ziel habe. »Kennen wir es doch als charakteristischen Zug der Libido, daß sie der Unterordnung unter die Realität, der Ananke, widerstrebt« (1916/1917, S. 445), schreibt er 1917, und läßt damit einmal mehr die Unvereinbarkeit zwischen den Ansprüchen und Wünschen des Subjekts und der Einschränkung und Verzicht fordernden Realität und ihren Gesetzen anklingen. Mehr als zehn Jahre später erfährt dieser Gedanke noch eine Bekräftigung, das Lustprinzip liege »im Hader mit der ganzen Welt, mit dem Makrokosmos ebensowohl wie mit dem Mikrokosmos«, »alle Einrichtungen des Alls widerstrebten ihm«, so daß sich unweigerlich der Schluß aufdränge: »... die Absicht, daß der Mensch ›glücklich‹ sei, ist im Plan der ›Schöpfung‹ nicht enthalten« (Freud 1930, S. 434). Doch läuft die Kluft, der Graben, der Riß nicht nur zwischen der libidinösen und der realen Ordnung, sondern das Libidinöse ist der Freudschen Denktradition zufolge bereits *in sich* gebrochen. Freud vermutete in eben jenem libidinösen Triebanspruch und dessen vitaler Eigenschaft als Strukturgeber des Aufbaus der psychischen Innen-

welt eine ihm unablösbar innewohnende profunde Gegenläufigkeit, ein inhärentes, sich selbst widerlegendes Moment.
Sollte dies womöglich jener nicht zu befriedenden inneren
Unrast zugrunde liegen, die den Dr. Faust so beutelte und zu
der Klage veranlaßte: »So tauml ich von Begierde zu Genuß, /
Und im Genuß verschmacht ich nach Begierde« (Goethe
1790/1988, S. 271)? Bereits im Jahr 1912 ist in Freuds Abhand-
lung »Über die allgemeinste Erniedrigung des Liebeslebens«
zu lesen: »Ich glaube, man müßte sich, so befremdend es auch
klingt, mit der Möglichkeit beschäftigen, daß etwas in der
Natur des Sexualtriebes selbst dem Zustandekommen der vol-
len Befriedigung nicht günstig ist« (S. 89).

Dies ist in der Tat ein überaus »aufmerkenswerter«, gar
irritierender Befund, scheint er doch die glatten Antagonismen der bipolaren Gegensätzlichkeiten wenn zwar nicht sub-
stantiell aufzulösen, so deutlich zu lockern. Doch hören wir
vorerst, wie Freud sich dies zu jenem Zeitpunkt, als der Verdacht in ihm zu reifen begann, erklärte. Er führte seinerzeit
zwei Gründe an: zum einen das Inzestverbot und zum anderen den, wie er es nennt, »Druck[e] der Kultur« (1912, S. 91).
»Infolge des zweimaligen Ansatzes zur Objektwahl mit
Dazwischenkunft der Inzestschranke« könne das »endgültige
Objekt des Sexualtriebes nie mehr das ursprüngliche, sondern
nur ein Surrogat dafür« sein (S. 89f.). Zudem müsse man sich
»mit dem Gedanken befreunden, daß eine Ausgleichung der
Ansprüche des Sexualtriebes mit den Anforderungen der Kultur überhaupt nicht möglich ist« (S. 91), und es wäre nicht
Freud, würde er angesichts dieser ernüchternden Expertise
einer untilgbaren Differenz zwischen Subjekt und Kultur und
zwischen Libido und Selbsterhaltungsinteressen nicht noch
hinzufügen, die Wissenschaft habe weder die Absicht zu
schrecken noch zu trösten (S. 91).

Beide Ursachen – Verbot und Forderung – sind zwar in
sich plausibel, und doch sind sie nicht ganz das, was wir hätten erwarten dürfen: Ein solcher Rekurs auf in der Realität
befindliche und von außen an das Subjekt herangetragene

34

Aspekte scheint in der Tat keine auf Anhieb befriedigende Auskunft darüber zu geben, was es denn nun mit der »*Natur* des Sexualtriebes« auf sich habe, von der doch behauptet wird, sie sei mit einer die libidinöse Lust letztlich vereitelnden Qualität unablösbar verquickt, was ja eine zwingende, ja eine nachgerade *intrinsische* Unvermeidlichkeit nahelegen soll. Halten wir also zunächst Ausschau, ob nicht womöglich doch Anzeichen reiner, unvermischter Emanationen der Lust zu finden sind, um von dort aus den Weg nachzuzeichnen, über den sich jene mysteriöse Gebrochenheit in die libidinöse Struktur einnisten konnte. Von Nietzsche, dem Titelgeber dieses Beitrags, wissen wir, wonach wir suchen, nämlich nach jener grenzenlosen, ewigen Lust, von der er schreibt, »sie wolle *sich*, sie beiße in *sich*, des Ringes Wille ringe in ihr« (1883, S. 557), – eine selbstreferentielle, sich in sich selbst erschöpfende Lust also, von der allerdings auch er, ebenso wie Freud, im Grunde wußte, daß sie nicht wirklich zu haben ist: »Sagtet ihr jemals ja zu einer Lust? Oh, meine Freunde, so sagtet ihr ja auch zu *allem* Wehe. Alle Dinge sind verkettet, verfädelt ...« (S. 557).

So zeigt sich denn die libidinöse Lust in Reinform auch nur als recht flüchtige, ja fiktive Seinsweise, genaugenommen lediglich im Aggregatzustand metapsychologischer Abstraktion, nämlich in Form eines zwar in hohem Maß umstrittenen, erkenntnistheoretisch aber darum nicht minder bedeutsamen *Konstrukts eines Phantasmas*. Die Rede ist vom *primären Narzißmus*, jener Denkfigur, die sich der aporetischen Frage nach dem Urzustand des Psychischen annimmt und die Einschreibung der Triebnatur in den Konstitutionsprozeß des Psychischen zur Darstellung bringen will. Hier finden wir die Idee eines »purifizierten Lust-Ichs« (Freud 1915, S. 228), eine unter der Ägide des Lustprinzips in Szene gesetzten und dessen Gesetzlichkeit folgenden Umdeutung respektive Überformung der inneren und äußeren Realität, in der Freud immerhin die »Anfänge des Seelenlebens« (S. 227) ausmachte. So sind es denn die jeweils unvermischten Valenzen von Lust und

Unlust, in denen das Libidinöse erstmals in Erscheinung tritt und auf diese Weise die Geburtsstunde des psychischen Lebens definiert. Dieses purifizierte Lust-Ich, das alle lustvollen Aspekte der inneren und äußeren Realität als eigenes, zu ihm gehöriges und ihm entstammendes reklamiert und auf diese Weise eine Außenwelt von einer Innenwelt absondert, entspricht jenem libidinös-narzißtischen, absoluten, solipsistisch sich selbst wollenden Lustbegehren, das sich gleichsam selbst als archimedischen Punkt setzt und von dem auch Nietzsche handelt.

Müßig zu erwähnen, daß dieser erste Modus des autoerotisch-narzißtischen Lusterlebens nicht von Dauer ist, sondern lediglich eine passagere, gleichwohl konstitutive Episode im Dienst der Abwehr darstellt: Die Realität als nicht gänzlich abzuweisendes, nicht gänzlich zu kontrollierendes und nicht beliebig überformbares Prinzip fordert schließlich Anerkenntnis, sickert ein und erodiert die libidinös-narzißtische Fiktion von Autarkie und Omnipotenz und bahnt schließlich den libidinösen Bezug zu den Objekten. Dennoch aber bleibt uns diese frühe Glücksform als Leitphantasma grenzenloser Lusterfüllung zeitlebens erhalten, ja mehr noch: Der Wunsch, jene grandiose, von Wunschlosigkeit und ungetrennter libidinös-narzißtischer Vollkommenheit gezeichnete Vergangenheit in der Zukunft gleichsam wiedereinzuholen, wird zu einem Progression und Regression verknüpfenden Antriebsmoment der psychischen Entwicklung. Auf eine paradox anmutende Formel gebracht heißt das: Der Blick zurück treibt das Subjekt voran, seine Vergangenheit liegt in der Zukunft, nur schlecht verborgen unter der schmerzlichen Anerkenntnis der Realität, wie sie sich vor allem im Geschlechter- und Generationenunterschied, der ödipalen Ordnung und dem kulturellen Gesetz konkretisiert. »Doch tief in der errichteten Gestalt/ ein Atemholen nach dem Ersten, Alten«, formuliert Rilke diese sehnsuchtsvolle Rückwärtsgewandtheit in seinen Versen über den »Imaginären Lebenslauf« (1923) – möglicherweise inspiriert von seiner mit Freuds Gedankenwelt so eng verbundenen Freundin Lou Andreas-Salomé, die doch gerade dem Narzißtischen ihre ganze Aufmerksamkeit schenkte.

Jene ungebrochene libidinös-narzißtische, jene unbedingte, sich selbst wollende, in sich selbst beißende Lust aber ist – gleich, ob es sie je anders denn als ein Phantasma gegeben hat – unwiederbringlich; in die Sehnsucht und in den Wunsch nach ihr hat sich der Mangel bereits unablösbar eingraviert. Die sich Geltung verschaffende Ordnung des Realen, in die sich das Lustprinzip hineinzuverlängern versucht und hierbei eine Brechung *in sich* erfährt, führt nicht nur den Konflikt ein, sondern situiert ihn – an der Basis der Subjektwerdung – *direkt* im werdenden Subjekt. Mit anderen Worten: Das Subjekt als historisch Gewordenes, mit Geschichtlichkeit behaftetes konstituiert sich auf eben dieser Konfliktlinie, es verdankt sich dieses offenen Grabens zwischen Triebanspruch und kultureller Verzichtsforderung. Das dialektische Spiel von Eros und Ananke, von Luststreben und Lebensnot, bestimmt fortan das Verhältnis von Subjekt und Kultur, aber auch das der Subjekte untereinander. Zugleich ist es eben jener unhintergehbare Konflikt, der, obwohl er die psychische Innenwelt strukturiert und ihr Kontur verleiht, uns doch nie zu ganzen, heilen In-Dividuen werden läßt. Die psychoanalytische Einsicht in die Metamorphosen der Libido, die Lehre ihrer Umgestaltungen im Verlauf der Ontogenese, beschreiben genau diesen Prozeß des Austarierens von Lustanspruch und Triebversagung im Subjekt selbst, das sich eben darüber in eine ihm vorgängige Kultur einführt und sich ihr doch niemals gänzlich unterwirft. Die Widerständigkeit des Freudschen Subjekts liegt demzufolge in seiner latenten Fragmentierung, in seiner *Dezentriertheit*, in eben jener unvermeidlichen Gebrochenheit, Gespaltenheit, Zerrissenheit, in seiner Unabschließbarkeit – eine Einsicht, die Freud selbst schon früh zu der oft gescholtenen Sentenz veranlaßte, vornehmstes Ziel der psychoanalytischen Kur sei nicht Heilung im engen Sinne, sondern die Erlangung eines Niveaus allgemeinen Unglücks (1895, S. 312).

Kehren wir von hier aus noch einmal kurz zurück zu Freuds Befund, in der »Natur des Sexualtriebes selbst« liege etwas, was eine volle Befriedigung nicht zuließe. Wir können nun klarer erkennen, worum es sich hier handelt: um genau diesen Konflikt, um den unhintergehbaren, unvermeidlichen, unausweichlichen Triebkonflikt, der die Conditio humana als Spannungsgefüge definiert und die Grundlage der psychoanalytischen Anthropologie bildet. Jener »Druck der Kultur«, den Freud zur Begründung anführt, ist ein im Grunde universales, strukturelles Moment und mitnichten an eine spezifische Kultur-Qualität, etwa an den Proporz zuträglicher oder unzuträglicher Beschaffenheiten einer Kultur gebunden. So ist denn auch ein Ausbleiben des Triebkonflikts und die Erlangung vollkommener libidinöser Befriedigung allenfalls als präkulturelle Fiktion, als schieres Gedankenexperiment, losgelöst von Zeit und Raum, wenn auch nicht wirklich vorstellbar, so doch konstruierbar. Denn dem Libidinösen unablösbar eigen ist sein Kollidieren-*Müssen* nicht vordergründig mit einem wie auch immer beschaffenen Außen, sondern mit einer ihm inhärenten antipodischen Ordnung, einer in sich konflikthaft entzweiten Struktur, die ihre zweite Natur als »sedimentierte Geschichte«, wie Marcuse es nannte, in den jeweils konkreten, auch kulturell und historisch determinierten Gestaltungsformen findet. Paradigmatisch hierfür steht die ödipale Konfliktkonstellation, jener (modellhaft) organisierende »Knotenpunkt« (Freud 1925, S. 82), an dem sich der libidinös-narzißtische Wunsch und die Unmöglichkeit seiner Erfüllung endgültig und dauerhaft zu einer Einheit verschmelzen (vgl. hierzu auch Reiche 1994, S. 23ff.). In der Inzestschranke, Freuds zweite Begründung einer immanenten Selbstwiderlegung der Libido, erfährt dieser Zusammenhang seine formelhafte Verdichtung. Auch sie erweist sich nämlich ebenfalls nicht als ein dem Subjekt von außen oktroyierter Zwang, sondern als ein im Grunde primordialer und ontologischer Aspekt der Conditio humana, dessen Wurzeln zudem, wie ich hinzufügen möchte, weit hinter den Inzestwunsch zurückzureichen scheinen. Freud sprach ja von einem »zweimaligen Ansatz der Objektwahl« und von dem Umstand, daß das endgültige Objekt der Libido nie mehr das ursprüngliche, sondern lediglich eine Annäherung, ein mehr oder minder genügendes Surrogat sei. Allerdings bedarf dies einer Präzisierung, einer, wenn man so will, Präzisierung im Geist von 1914, denn das, was hier *Ursprünglichkeit* beansprucht, ist doch bereits mit einer Geschichte behaftet, Teil des ontogenetischen Triebgeschicks (einmal ganz davon abgesehen, daß Ursprüngliches in der erkenntnislogischen Unabschließbarkeit der Freudschen Denkfigur ohnehin nicht auszumachen ist). Seit der »Einführung des Narzißmus« und spätestens seit der bahnbrechenden Schrift »Das Ich und das Es« darf man vermuten, daß das inzestuöse Objekt nicht wirklich das ursprüngliche, primäre ist: Muß man noch *vor* dem inzestuösen Objekt nicht das frühe, sich eben konstituierende libidinös-narzißtische Ich annehmen, das sich in objektaler Mimikry der Libido im Narzißmus anbietet, jenes, sich selbst genügende, selbstreferentielle, jenes, wie Nietzsche sagen würde, »sich selbst wollende« Ich? Auch wenn man dies gelten läßt, so schmälert es die Bedeutsamkeit von Inzestwunsch und Inzesttabu keineswegs. Im Gegenteil: Das Inzestverbot als überdeterminierter Komplex, als Knotenpunkt des Triebgeschicks nicht nur in seiner kulturellen Dimension sondern, bedeutsamer noch, in seiner strukturellen Eigengesetzlichkeit, gewinnt mit ihm an Evidenz, denn es erweist sich hier einmal mehr, daß im Wunsch und bereits im ersten Aufscheinen eines Wunsches der Mangel durch einen vorgängigen Verzicht längst eingraviert ist. Mit anderen Worten: Der Inzestwunsch verdankt sich einer ersten Brechung der Libido in der Ordnung des Realen, und dem Begehren des inzestuösen Objekts wohnt der Verzicht auf die selbstreferentielle, libidinös-narzißtische Libidoposition inne. Nur kurz angedeutet sei eine weitere, sich hieran anschließende, ja mehr noch: diesen Theoriestatus gleichsam transzendierende Linie der Präzisierung, auf deren Ausformulierung ich allerdings verzichten muß, da es den hier gesteckten Rahmen weit überschreiten würde. Ich meine die Verlängerung dieses Zusammenhangs in die *Todestrieb-Konzeption*. Tatsächlich bin ich der Überzeugung, daß sich der 1920 eingeführte Todestrieb, mit dem die zweite Triebtheorie ihre Begründung und Komplexität erfuhr (Freud 1920), vor allem im Hinblick auf die konstitutiven Wurzeln des Inzestverbots und des Inzesttabus und die damit in Zusammenhang stehende Wirkweise einer der Libido inhärenten Selbstwiderlegung als eine tragende und durchaus weitreichende Denkfigur anbietet.

Nietzsches Zarathustra beendet seine unter anderem um das Wesen der Lust kreisenden Kontemplationen, von denen einige ja bereits zur Sprache kamen, mit einem Rundgesang, der sich mit dem, was ich über Freuds Entfaltung der Libido, der Lust und ihrer inneren Gegenläufigkeit in Erinnerung rufen wollte, vortrefflich verbindet. Und auch hier gibt es, wie lediglich in Parenthese zu kolportieren wäre, eine Verbindung zur jungen Lou Salomé: Nietzsche begann seine Arbeit am Zarathustra auf dem Höhepunkt seiner Kränkung und Enttäuschung, weil sie seine Liebe verschmähte und ihn weder als Liebhaber noch als Ehemann in Betracht ziehen wollte. Das Lied heißt »Noch einmal«, sein Sinn ist »In alle Ewigkeit«, und es geht so:

O Mensch! Gib acht!
Was spricht die tiefe Mitternacht?
»Ich schlief, ich schlief –
Aus tiefem Traum bin ich erwacht: –
Die Welt ist tief,
Und tiefer als der Tag gedacht.
Tief ist ihr Weh –,
Lust – tiefer noch als Herzeleid:
Weh spricht: Vergeh!
Doch alle Lust will Ewigkeit,
will tiefe, tiefe Ewigkeit«
(Nietzsche 1883, S. 558)

Zweifellos ist dies eine Hymne an das Unbewußte, an das Verborgene, an das Verdrängte, Abseitige. Ich möchte das Augenmerk aber auf die letzten fünf Verszeilen lenken, denn dort ist im Grunde all das hier Verhandelte in verdichteter Kürze beschrieben: Umschreibt das »Weh« und das »Herzeleid« nicht die sich unlustvoll aufdrängende Realität und die frühen, die infantile Traumzeit aufstörenden Kollisionen mit ihr? Die Versagung und die Trennung, den Abschied von der eigenen libidinös-narzißtischen Unversehrtheit? Und ist nicht auch hier die Lust dem Schmerz und der Unlust an der Realität vorgelagert? »Lust – tiefer noch als Herzeleid«, heißt es da und sie ist auch von der sich Geltung und Anerkennung verschaffenden Ordnung des Realen nicht zu tilgen: »Weh spricht: Vergeh!« – das Gegenteil ist der Fall: »(Doch) alle Lust will Ewigkeit, will tiefe, tiefe Ewigkeit«. Und hier liegt eben jene Dialektik der Lust, die zu erfassen Freuds lebenslanges Bemühen und vielleicht sein größtes Verdienst war: In den Wunsch nach Ewigkeit nämlich, wie ausnahmslos in *jeden* Wunsch, hat sich – neben dem Tod – das Verbot, die Versagung und der Verzicht schon längst eingeschrieben. Mehr noch: Das Verbot ist die logische, die konstitutive Voraussetzung des Wunsches schlechthin. Demzufolge verweist die Einführung einer zeitlichen Dimension, auch wie hier in der Negation (= Ewigkeit), und ihre Verknüpfung mit der Lust auf den bereits erfolgten Einbruch der Realitätsforderung und deren Anerkenntnis. Im Ewigkeitswunsch findet die Endlichkeit und damit der Verzicht seine Bestätigung und zugleich seine Verwerfung – Affirmation und Subversion stehen hier in ein und demselben dialektischen Bedingungsgefüge. Erst dieses Eingelassensein im Zeitgefüge, diese Situierung in der temporalen Ordnung, die der Mangel erzwingt und die den Mangel zudem stets erneuert sowie die damit verbundene Anerkenntnis der Endlichkeit einer jeden Lust, die uns die strukturellen Triebkonflikte abfordern, bringt uns als handelnde, geschichtsmächtige, schuldfähige, aber auch als lustvoll begehrende Subjekte hervor, und dies ist es, wovon die Freudsche Psychoanalyse handelt, dieses Subjekt ist ihr ureigener, ihr genuiner Gegenstand.

Wenn ich die Metapher noch einmal ins Spiel bringen darf, so könnte man – diesen Strang abschließend – sagen, der genuine, gleichsam immanente Andreas-Graben der Psychoanalyse sei ihre Konzeption der Libido, es sei die Libidotheorie und die auf ihr beruhende Einsicht in die grundsätzliche Entzweiung und Zerrissenheit des Subjekts und in die unhintergehbare Konflikthaftigkeit der Conditio humana.

Ich möchte nun, nach diesem Blick *hinab* in den unschließbaren und letztlich auch konstitutiven Andreas-Graben der Psychoanalyse auf der Suche nach dem Epizentrum des Freudschen Denkens und seiner Subjekttheorie, zum Abschluß noch ein wenig, entlang des Zeitstroms, an seinen Rändern schlendern und nachsehen, was im (exilierten) postfreudianischen Diskurs aus diesen Einsichten über das Wesen der Lust und über die kulturell nicht zu vereinnahmende Hartnäckigkeit des allgemein unglücklichen, indes auf seiner libidinös-narzißtischen Erfüllung beharrenden Subjekts geworden ist. Ein Blick auf die Geschichte der psychoanalytischen Theorie nämlich zeigt, daß der Libido neben ihrer in sich gebrochenen und ihrer sich selbst widersetzenden Struktur, die hier bislang im Vordergrund, noch ein weiteres Phänomen wie ein Schatten anhaftet: die sich der Freudschen Libidotheorie, salopp und pointiert formuliert, widersetzende Psychoanalytische Gemeinschaft. Ich habe an anderer Stelle die Auffassung vertreten und auch versucht, den Aufweis dafür zu liefern, daß die Geschichte der psychoanalytischen Theoriebildung in weiten Teilen getrost als Geschichte ihrer *metapsychologischen Entsexualisierung*, als Geschichte der Rücknahme und Harmonisierung ihres konstitutiven Skandalons, der Libidotheorie, geschrieben werden kann (Gast 1992). Die psychoanalytische Theoriegeschichte ist reich an den vielfältigsten Versuchen, das beständig brodelnde Epizentrum des Freudschen Subjekts ein für allemal zu befrieden, indem man im Kern Gegenläufiges und unausweichlich Kollidierendes kurzerhand aus dem Skopus des Gegenstandsbereich ausschließt und – wo dies nicht möglich ist – den verbleibenden Rest als zusammengehörendes, als in sich konsistentes und kontingentes Ganzes erklärt. Aus historiographischer Perspektive betrachtet stellen all diese Revisionen nach Freud und in Reaktion auf Freud letztlich kleine bis mittlere Nachbeben dar, gewissermaßen seismographische Ausschläge im transgenerationalen Gefolge einer schweren Erschütterung, die die Psychoanalytische Gemeinschaft in ihrer Frühzeit durchzustehen hatte. Die Rede ist hier von den profunden Auseinandersetzungen mit Jung und Adler, auf die hier allerdings nicht eingegangen werden kann, zumal die Kontroverse ja in ihren Grundzügen ohnehin bekannt sein dürfte.

Das, was sich seinerzeit *direkt* und in distinkte Spaltungen oder, um im Bild zu bleiben, in die Bildung unterschiedener tektonischer Platten mit je eigener Drift umsetzte, hinterließ aber gleichwohl genug Spannungspotential (zur Bildung zahlreicher Hot spots) an den Rändern und sorgte in der postfreudianischen Theorietradition für letztlich substantielle Neuordnungen und Neubildungen – Neuordnungen, die, indem sie in das innere Gefüge psychoanalytischen Denkens hineinreichten, Neubildungen hervorbrachten, die ihrerseits die Topographie der psychoanalytischen Landschaft und in der Folge im übrigen auch das Selbstverständnis ihrer Einwohner von Grund auf änderten. Wir finden hier zahlreiche Spuren von stattgehabten Eruptionen, untrügliche Anzeichen von profunden Verwerfungen in der Statik des psychoanalytischen Theoriegebäudes und Hinweise auf Verwindungen, Verschiebungen und Verengungen im Gegenstandsbereich, die ihre Entsprechung in einer gründlich revidierten Kartographie für das auf diese Weise hervorgebrachte Terrain finden – man denke vor allem an die Ich-Psychologie und die im Grunde ich-psychologisch affizierte moderne Objektpsychologie, die beide gleichermaßen die Erosion, ja weitgehende Auslöschung des libidinösen Kerns der Freudschen Psychoanalyse widerspiegeln und im Grunde die Definitionsmacht über das, was

Psychoanalyse ist und welchen Geltungsbereich sie beanspruchen kann, in so maßgeblicher Weise übernommen haben. Für diese topographischen Verwerfungen im Gegenstandsfeld steht die theoretisch wie transgenerational ineinander verkettelte Linie, die von Adler, Jung, Ferenczi über Hartmann, Kris, Rapaport, die Neofreudianer um Fromm und Horney sowie Fairbairn, Kohut und die Selbstpsychologie bis zu den aktuellen Diskursen um den kognitiv evaluierten, primär objektbezogenen, in jeder Hinsicht kompetenten und kompletten Säugling der modernen, empiristisch gewendeten Säuglingsforschung gezogen werden kann (vgl. Gast 1992).

Freuds ebenso aufklärerisches wie überaus ambitioniertes Projekt bestand ja in einer rigorosen Entzauberung jener Schimäre des seiner selbst mächtigen, stets bewußt handelnden, abgegrenzten und autonomen bürgerlichen Individuums und dessen Dekonstruktion als konflikthaftes, in sich zerrissenes, widersprüchliches, von unbewußten Motiven geleitetes, in libidinös-narzißtische Phantasien verstricktes, seiner selbst nie gänzlich gewahres und immer ein wenig widerspenstiges Subjekt, welches an sich selbst nie wirklich glücklich und in sich selbst nie ganz eins werden kann und dem die Kulturforderung im Grunde eine Zumutung und die Integration in die Objektwelt doch nur eine Kompromißbildung für entgangene narzißtische Freuden ist. Dieses Subjekt nun wurde von dem Gegenentwurf einer primär objektgerichteten, auf Anpassung und Komplementarität mit einer genuin entgegenkommenden Realität orientierten anthropologischen Beschaffenheit des Menschen – im wahrsten Sinne des Wortes – verdrängt, ungeschehen: und das heißt in diesem Kontext, »heil« und »ganz« gemacht.

Als Katalysator hierfür wirkte der von der nationalsozialistischen Gewaltherrschaft erzwungene Exodus der Psychoanalyse aus dem kontinentalen Europa und ihre Exilierung in England und den Vereinigten Staaten. Während die englische Psychoanalytische Gemeinschaft zu diesem Zeitpunkt, wenngleich durch Melanie Klein und Joan Riviere mit einem eigenen Profil versehen, in kontinuierlichem Rapport mit der kontinentaleuropäischen Psychoanalyse stand und eine vergleichbare Kulturlandschaft aufwies, stellten die USA ein für die psychoanalytische Denktradition nicht unbedingt verträgliches Umfeld dar. (Auch hierfür übrigens taugt die Metapher des Andreas-Grabens, eben weil er am Rand des amerikanischen Kontinents angesiedelt ist, also die amerikanische Platte von einer anderen trennt.) Die Psychoanalyse mußte sich hier vor allem psychiatrisch-medizinisch verwertbaren Kriterien zu ihrer Legitimierung beugen, und die sich schon früh anbahnende und zuweilen auch heftig geführte Kontroverse um die Laienanalyse wurde ein für allemal zugunsten der Medizinalisierung entschieden. Inzwischen haben neuere historiographische Forschungen, etwa zur Frage der Laienanalyse (vgl. Schröter 1996), zeigen können, daß das drohende Schisma des Interessenkonflikts über den Gegenstand, die Anwendung und das Selbstverständnis der Psychoanalyse als Wissenschaft, wie sie die Frage der Laienanalyse verkörperte, nicht ganz so eindeutig zwischen Europa und Amerika verlief, daß beispielsweise die Berliner Position um Karl Abraham der amerikanischen Auffassung weit näher lag als der Wiener um Freud, doch kann als Ergebnis gleichwohl festgehalten werden, daß die zu diesem Zeitpunkt immer noch unabgeschlossene Kontroverse vor dem Hintergrund der durch die Exilierung geschwächten und auch abhängigen europäischen Psychoanalytiker in erster Linie macht- und standespolitisch entlang der Interessen des Gastlandes entschieden wurde.

Doch die Vorgänge um die Laienanalyse zeigen nur die (institutionelle resp. institutionspolitische) Oberfläche dessen, was sich im Kern in der Frage um den Gegenstand und der diesem Gegenstand angemessenen Metapsychologie wiederholte. Während die Laienanalyse die Statusfragen der europäischen Psychoanalytiker unter den Flüchtlingen klären sollte, sorgte vor allem die Ich-Psychologie für die Salonfähigkeit der psychoanalytischen Wissenschaft in einer von sexueller Liberalität nicht gerade durchdrungenen Gesellschaft. Der Vorwurf des Pansexualismus, also der unbotmäßigen und auch anstößigen Überbewertung des Sexuellen im psychoanalytischen Diskurs, wie er von jeher von Kritikern der Psychoanalyse geäußert wurde, fand sich durchaus auch in den Reihen der amerikanischen Psychoanalytischen Gemeinschaft, so daß die ich-psychologischen und wenig später die objektpsychologischen Revisionen als taugliche Maßnahme zur Tilgung dieses Makels begeistert aufgenommen wurden. Man kann die Theoriegeschichte der Psychoanalyse ohne weiteres als Geschichte des Widerstands gegen die Freudsche Libidotheorie beschreiben und die verschiedenen, der Herabminderung der Bedeutsamkeit des Libidinösen dienenden Argumentationsfiguren in transgenerationale Stränge unterscheiden.

Die ontogenetischen Triebkonflikte, die Freud mit Hilfe der Libidotheorie beschrieb, mutierten in Zeiten der ich-psychologischen Objektbeziehungstheorie zur letztlich weit weniger beunruhigenden Deutungsvariante vermeidbarer Komplikationen, ja zu Entgleisungen in der reifenden Entfaltung von apriorisch wahren, guten und konfliktfreien Potentialitäten (Fromm). Das janusgesichtige, sowohl dem Es respektive dem Unbewußten ontogenetisch verbundene als auch der Realität zugewandte Ich, jene Zwittergestalt in der undankbaren Mittlerposition zwischen den Triebansprüchen des Es und den zensurierenden vernunftgebietenden Ansprüchen des Über-Ich, wie Freud es beschrieb, erfuhr eine erneute Ermächtigung, eine verdächtig eilfertige Reautorisierung und Wiedereinsetzung als autonome, konflikt- und triebbereinigte psychische Struktur, wurde also kurzerhand in den Stand eines uneingeschränkten, eigengesetzlichen »Herrn im eigenen Haus« (Freud 1917, S. 11) erhoben.

Die Psychoanalyse wandte sich von der Ebene der strukturellen Konflikte und ihrer dialektischen Verschränkung mit dem subjektkonstitutiven Geschehen ab und richtet ihr Augenmerk seither vorzugsweise auf die Beschreibung von Devianzen, auf die Bilanzierung von Störungen und auf die daraus resultierenden Defizite in einem sich reifend entfaltenden und folglich ahistorisch modellierten Entwicklungsverlauf, wobei – wie hinzuzufügen wäre – diese Störungen im konkret interaktionellen Sinne in die Objektbeziehungen und deren faktisch-empirische Beschaffenheit hineinverlegt werden. Dort werden sie in der Regel als Verfehlungen, oder wie Ferenczi (1929) es schon nannte: »Taktlosigkeiten«, der elterlichen Bezugspersonen oder – allgemeiner – einer unempathischen (Kohut) und dergestalt Narben hinterlassenden (Horney) Außenwelt gefaßt, die der Selbst-Realisation abträglich und hinderlich ist beziehungsweise sie nekrophil (Fromm) überformt.

Einmal ganz davon abgesehen, daß dies schlichtweg sozialisationstheoretische Theoriefiguren in variierender empiristischer Ausprägung sind, die indes alle des Unbewußten und anderer genuin psychoanalytischer Begriffskonzepte im Grunde nicht mehr bedürfen, haben wir es, wie ich meine, mit einer profunden und nicht zu unterschätzenden *Remythologisierung* der Freudschen Aufklärung zu tun – mit einer Remythologisierung, die sich des bewährten Mittels der narzißtischen Restitution jenes von Freud dezentrierten, in seinem eigenen Haus entmachteten Subjekts bedient, um auf diese Weise dessen beunruhigende Unabgeschlossenheit und folglich auch Unausrechenbarkeit zu befrieden. Das Libidinöse, das Triebgeschehen, der strukturelle (Trieb-)Konflikt, das Unbewußte – all das, was die Freudsche Psychoanalyse – im besten Sinn des Wortes – *auszeichnete* und zu einer fulminanten Erkenntnistheorie und Vernunftkritik erhob, ist aus den postfreudianischen und zeitgenössischen Mainstream-Theorien verschwunden oder bestenfalls zur banalen Trivialität verstümmelt und zu haarsträubender Irrelevanz herabgemindert worden.

So vielfältig und verschieden die Revisionen auch sein mögen, gemeinsam ist ihnen die Intention, den spannungsvollen Riß – den San-Andreas-Graben eben – , der im Freudschen Subjekt verläuft und der seine Entsprechung zudem in der Subjekttheorie Freuds und ihrer von Widersprüchen, dialektischen Bezügen und Antinomien gestalteten Denkbewegung findet, zu kitten, den Graben aufzuschütten, das Unabschließbare zu schließen, das sich Entziehende zu zähmen und das nicht zu Vereinnahmende – die eruptive Spannung – zu tilgen. Der Preis ist hoch, viel zu hoch, denn mit einer solchen Entkernung des psychoanalytischen Denkens, wie es der Ausschluß des Libidinösen als gegenstandsbildende Figur ja bedeutet, ist zwangsläufig – und dies scheint mir die eklatanteste Verwerfung der Topographie des Andreas-Grabens der Psychoanalyse zu sein – auch der Verlust jenes methodologischen und erkenntnislogischen Instrumentariums verbunden, das der Psychoanalyse ehedem die Konstitutionsanalyse scheinbar anthropologisch konstanter Phänomene ermöglichte, jenes Instrumentariums also, das das genuin psychoanalytische Erkenntnisinteresse an der historischen und strukturellen *Gewordenheit des Subjekts*, seiner Subjektivität, seiner Geschlechtlichkeit wie auch der Geschlechterdifferenz schlechthin, hervorbrachte.

Es war dies in der Tat ein ebenso revolutionärer wie mit Verve vorgetragener Erkenntnisanspruch, der das Selbstverständnis der Freudschen Psychoanalyse in ihrem Innersten bestimmte: Die Psychoanalyse, schrieb Freud 1921, »ist ... in der Opposition gegen alles konventionell Eingeschränkte, Festgelegte, allgemein Anerkannte« (1921/1941, S. 28) – sie ist der Stachel im Fleisch der bürgerlichen Selbstmythologie, der Dorn im Auge einer jeden hypertroph-saturierten (Selbst-)Gewißheit. Dies ist die Psychoanalyse, die unbequeme, deren wir dringend bedürfen, und es bleibt zu hoffen, daß dieses Brodeln in ihrem Kern nie versiegen, daß sich ihr Riß in der Tiefe – ihr *Sigmund*-Graben? – nie schließen möge.

Literatur

Adorno, Th. W. (1966): Glosse über Persönlichkeit. In: Gesammelte Schriften, Bd. 10.2 , S. 639–644.

Ferenczi, S. (1929): Das unwillkommene Kind und sein Todestrieb. Int. Zeitschr. f. Psychoanalyse. Bd. 15: 149–153.

Freud, S. (1895): Studien über Hysterie. GW I. Frankfurt a. M.

Freud, S. (1912): Beiträge zur Psychologie des Liebeslebens. VIII. Frankfurt a. M.

Freud, S. (1915): Triebe und Triebschicksal. GW X. Frankfurt a. M.

Freud, S. (1916–1917): Vorlesungen zur Einführung in die Psychoanalyse GW XI. Frankfurt a. M.

Freud, S. (1917): Eine Schwierigkeit der Psychoanalyse. GW XII. Frankfurt a. M.

Freud, S. (1920): Jenseits des Lustprinzips. GW XIII. Frankfurt a. M.

Freud, S. (1925): Selbstdarstellung. GW XIV. Frankfurt a. M.

Freud, S. (1930): Das Unbehagen in der Kultur. GW XIV. Frankfurt a. M.

Freud, S. (1941 [1921]): Psychoanalyse und Telepathie. GW XVII. Frankfurt a. M.

Gast, L. (1992): Libido und Narzißmus. Vom Verlust des Sexuellen im psychoanalytischen Diskurs – eine Spurensicherung. Tübingen.

Goethe, J. W. (1790): Faust I. In: Goethes Werke in zwölf Bänden, Bd. 4, S. 271, Berlin/Weimar, 1988, S. 271.

Nietzsche, F.: Aus dem Nachlaß der achtziger Jahre. In: Werke in drei Bänden, Bd. III. Hg. K. von Schlechta. München, 1966/1977.

Nietzsche, F. (1883): Also sprach Zarathustra. Ein Buch für Alle und Keinen. In: Werke in drei Bänden, Bd. II. Hg. K. Schlechta. München, 1966/1977.

Nietzsche, F. (1887): Zur Genealogie der Moral [2. Abhandl.]. In: Werke in drei Bänden, Bd. II. Hg. K. von Schlechta. München, 1966/1977.

Reiche, R. (1994): Vorwort zur Freud-Taschenbuchausgabe »Schriften über Liebe und Sexualität«, Frankfurt a. M., 1994.

Rilke, R. M. (1923): Imaginärer Lebenslauf. In: Auswahl in sechs Bänden. Bd. 3. Frankfurt a. M., 1980/1982.

Schröter, M. (1996): Zur Frühgeschichte der Laienanalyse. Strukturen eines Kernkonflikts der Freud-Schule. Psyche, 50/Heft 12: 1127–1175.

Peter Schneider

Jenseits des Geschlechts

FACTS: Wie paßt dieses Nichtwissen zu einer Gesellschaft, die in allen Bereichen sexualisiert ist wie nie zuvor?
Frings: Das ist so, weil die Sexualisierung keinen Inhalt hat. Wir werden zwar ständig gereizt, sehen Fleisch, Formen, Körper, aber die Reize beantworten keine einzige Frage ...
FACTS: Aber im Fernsehen reden doch die Leute pausenlos und bis ins Detail über Sexualität. Haben alle diese Sendungen keinerlei Erkenntniswert?
Frings: ... Das Komische dabei ist, daß sich die Leute solche Sendungen wieder und wieder ansehen. Dafür gibt es eine einfache Erklärung: Die Leute schalten ein in der Hoffnung, doch einmal befriedigende Antworten zu bekommen.
Wir stellen fest, daß die Zuschauer nach wie vor nicht viel über Sexualität wissen.

(Aus einem Interview mit dem Moderator des Pro-7-Magazins »liebe sünde«, Matthias Frings, in: »Facts« 43/96)

Je mehr die Arbeit dieses Jahres jetzt zurücktritt, desto zufriedener werde ich mit ihr. Nur die Bisexualität! Mit der hast Du sicherlich recht. Ich gewöhne mich auch, jeden sexuellen Akt als einen Vorgang zwischen vier Individuen aufzufassen. Darüber wird viel zu reden sein.

(Freud in einem Brief an Fließ vom 1. 8. 1899)

I.

Über Freud, die Psychoanalyse und die Sexualität kursieren zwei Kalauer: Der eine lautet, *Freud* habe die Sexualität entdeckt, der andere, er habe sie erfunden. So abgedroschen sie sein mögen, enthalten sie beide doch ihre je eigene Wahrheit. Denn in der Tat läuft die Psychoanalyse unter anderem auf eine *Entdeckung* der Sexualität hinaus, freilich nicht insofern, als etwas unseren Sinnen grundsätzlich Verborgenes enthüllt würde, sondern in dem Sinne, daß Freud beharrlich und mit theoretischem Ernst auf etwas deutet, das der alltägliche Blick durchaus sehen könnte, an das er aber nicht wirklich glauben mag. Und *erfunden* hat Freud die Sexualität, indem er ihren Begriff ausweitet, ohne allerdings dessen Substanz auch nur im geringsten zu verdünnen.

Die Sexualität also, die Freud zugleich entdeckt und erfindet, ist die infantile Sexualität respektive die Sexualität in ihrer Anlehnung an die Äußerungen der Selbsterhaltung beziehungsweise die Sexualität in ihrer weitreichenden Unabhängigkeit von der Funktion der Fortpflanzung.[1] All das sind im Grunde Formulierungen für ein und denselben Sachverhalt. Darüber hinaus spielt ein Theorem in der Freudschen Konzeption des Sexuellen eine Rolle, das er weder entdecken noch erfinden muß, sondern von *Wilhelm Fließ* geschenkt bekommt: das der Bisexualität. Die Geschichte dieses in jeder Hinsicht zwiespältigen Geschenks ist merkwürdig und interessant genug, um sie hier noch einmal wenigstens in Umrissen zu skizzieren.

Im Sommer 1901 kündigt Freud Fließ an, daß der Titel seiner nächsten Arbeit »Die menschliche Bisexualität« lauten werde. Er teilt diese Nachricht seinem Freund im selben Brief mit, in dem er eine zwischen beiden entstandene »Distanz« konstatiert (eine dezente Umschreibung für den eigentlich schon vollzogenen Bruch). Das geplante Werk soll dessenungeachtet – ebenso wie die zu dieser Zeit im Druck befindliche »Psychopathologie des Alltagslebens« – »Zeugnis für die Rolle ablegen, die Du bei mir bis jetzt gespielt hast«:

---

1 Insbesondere die Betonung der Autonomie des Sexuellen gegenüber der Fortpflanzung ist zu einem derart unverrückbaren Bestandteil jeder »Sexualpolitik« geworden, daß man mittlerweile wieder versucht ist, darauf hinzuweisen, daß es immerhin ohne Fortpflanzung der Eltern keine kindliche Sexualität geben kann – dies freilich zu einem Zeitpunkt, da sich die Fortpflanzung ihrerseits von der Sexualität zu emanzipieren beginnt.

»Ich habe dafür vorläufig nur eines, die Haupter-kenntnis, die sich seit längerer Zeit auf der Idee aufgebaut hat, daß die Verdrängung, mein Kernproblem, nur durch Reaktion zwischen zwei sexuellen Strömungen möglich ist ... Die Idee selbst ist Deine. Du erinnerst Dich, ich habe Dir vor Jahren gesagt, die Lösung liegt in der Sexualität ..., und Du hast Jahre später korrigiert: in der Bisexualität, und ich sehe, Du hast recht ... Das ist also das nächste Zukunfts-projekt, das uns hoffentlich wieder recht ordentlich auch in wissenschaftlichen Dingen einigen wird« (Freud/Fließ, 7.8.1901).

Freuds Arbeit über die Bisexualität ist niemals geschrie-ben worden. Freilich ist es nicht zufällig, daß Freud gerade das Thema der Bisexualität wählt, um den unübersehbaren Riß in der Freundschaft zu kitten. Dieses Thema ist die einzige origi-nelle Idee Fließ', die Freud tatsächlich so bedeutsam findet, daß er ihr zeitlebens die Treue hält. Sie hat im übrigen, wie Freud selbst in der »Psychopathologie des Alltagslebens« berichtet (1901, S. 159f.; vgl. dazu Jones: S. 367, Fußn. 21), für kurze Zeit jenes Schicksal erlitten, das große Ideen auszu-zeichnen scheint: das Vergessenwerden und die Wiederent-deckung. Freud erinnert sich, Fließ gegenüber behauptet zu haben, das Problem der Neurose lasse sich nur unter »der Annahme einer ursprünglichen Bisexualität des Individuums« lösen. »Ich erhielt zur Antwort: ›Das habe ich dir schon vor zweieinhalb Jahren ... gesagt ... Du wolltest damals nichts davon hören.‹«

Es gehört zur Ironie des Schicksals, daß das offenbar brisante Thema der Bisexualität, weit entfernt davon, die neue Grundlage für gemeinsame Arbeit zu schaffen, zum definitiv entzweienden Moment zwischen Freud und Fließ wird. 1904 nämlich beschuldigt Fließ Freud in einer überaus zähen, sich über mehr als zwei Jahre hinziehenden Affäre, dem angebli-chen Plagiat *Otto Weiningers* hinsichtlich der Idee der Bisex-ualität in dessen Buch »Geschlecht und Charakter« Vorschub geleistet zu haben, indem er einem Freund Weiningers, dem

Psychologen *Hermann Swoboda* gegenüber allzu freizügig von Fließ' Theorie berichtet habe. Wie Freud selbst anerkennt, war er wohl tatsächlich an dem Ideendiebstahl nicht ganz unschuldig (Freud/Fließ, 27.7.1904), und so versucht er, das heikle Thema, statt es zum Gegenstand einer eigenen Arbeit zu machen, vorsichtig zu umschiffen: »Ich stelle gegenwärtig ›Drei Abhandlungen zur Sexualtheorie‹ fertig, in denen ich dem Thema der Bisexualität möglichst ausweiche« (Freud/Fließ, 23.7.1904).

So wenig es Freud gelingt, dem Thema für immer auszuweichen, so wenig kann er es in die psychoanalytische Theorie über die Erwähnung in mehr oder minder isolierten Aperçus hinausgehend integrieren. Immer wieder taucht die Bisexualität in seinem Werk auf, und immer bleibt sie im Grunde ein theoretisch unverdauter Brocken, ein unassimilierter Fremdkörper im begrifflichen Gespinst der Psychoanalyse. In Freuds letzter großer Schrift, dem Fragment gebliebenen »Abriß der Psychoanalyse« (1940a), wird dieses Faktum noch einmal unumwunden eingestanden:

»In grosser Rätselhaftigkeit erhebt sich vor uns die biologische Tatsache der Zweiheit der Geschlechter, ein Letztes für unsere Kenntnis, jeder Zurückführung auf Anderes trotzend. Die Psychoanalyse hat nichts zur Klärung dieses Problems beigetragen, es gehört offenbar ganz der Biologie an. Im Seelenleben finden wir nur Reflexe jenes grossen Gegensatzes, deren Deutung durch die längst geahnte Tatsache erschwert wird, daß kein Einzelwesen sich auf die Reaktionsweisen eines einzigen Geschlechts einschränkt, sondern stets denen des entgegengesetzten einen gewissen Raum lässt, gerade wie sein Körper neben den ausgebildeten Organen des einen Geschlechts auch die verkümmerten, oft nutzlos gewordenen Rudimente des anderen mit sich trägt. Zur Unterscheidung des Männlichen vom Weiblichen im Seelenleben dient uns eine offenbar ungenügende empirische und konventionelle Gleichstellung. Wir heissen alles, was stark und aktiv ist, männlich, was schwach und passiv ist, weiblich. Diese Tatsache auch der psychologischen Bisexualität belastet alle unsere Ermittlungen, erschwert ihre Beschreibung« (1940a, S. 14f.).

Freud benennt die mit dem Thema der Bisexualität verbundenen Probleme in aller Schärfe, er formuliert das Rätsel, ohne auch nur den Ansatz einer Lösung angeben zu können. Zum einen setzt das Konzept einer wesentlichen Bisexualität des Menschen eine umrissene Konzeption der Geschlechterpolarität voraus, zum anderen aber relativiert sie zugleich die Bedeutung der Geschlechtsdifferenz, indem sie diese vom biologischen Geschlecht loslöst und in das Subjekt selbst verlegt. Entsprechend dieser Paradoxie droht das Konzept der *psychischen* Bisexualität zwischen einer fundamentalistisch-biologistischen und einer relativistisch-soziologistischen Interpretation aufgerieben zu werden.

Man mag die Schwierigkeiten Freuds mit dem Thema der Bisexualität auf dessen prekäre Rolle in der Beziehung zwischen ihm und Fließ zurückführen – doch bliebe diese Deutung allzusehr dem rein Akzidentiellen verhaftet. Ich glaube, daß Freuds wesentliche Schwierigkeiten mit der Bisexualität aus seiner bis auf wenige Ausnahmen immer wieder monadisch geratenen Konzeption des Psychischen herrühren, einer Konzeption, in der das Äußere stets als etwas Kontingentes erscheint, als Ablenkung von Entwicklungslinien, die ihren Ursprung immer schon im Inneren haben, und sei es, daß sie aus Reminiszenzen aus dem phylogenetischen Erbe herrühren. Das uranfängliche Subjekt ist bei Freud gewissermaßen ein narzißtisches schwarzes Loch, das alle Außenwelt in sich einsaugt und nur unter dem Druck der Lebensnot wieder hergibt und Einschränkungen und Modifikationen seines letztlich aber nie aufgegebenen Narzißmus zuläßt. Die »Zweiheit der Geschlechter«, der Geschlechts*unterschied*, läßt sich nun aber denkbar schlecht monadisch fassen, auch wenn man diese psychische Monade als von Dualismen (der Triebe, der Teilung in Bewußtes und Unbewußtes) konstituiert denkt und die Bisexualität dann zu einer sowohl primären als auch inneren sexuellen Dualität wird.

Zweimal taucht in der eben zitierten Passage der Begriff des Anderen auf – einmal klein und einmal groß geschrieben: das eine Mal im Zusammenhang der Behauptung, daß es unmöglich sei, die biologische Zweiheit der Geschlechter auf anderes zurückzuführen; das andere Mal, wenn Freud die Erkenntnis der Biologie anführt, daß der Körper jedes Individuums »neben den ausgebildeten Organen des einen Geschlechts auch die verkümmerten, oft nutzlos gewordenen Rudimente des anderen mit sich trägt«.

Wenn nun das Rätsel des anderen Geschlechts, das der »Zweiheit der Geschlechter«, zugleich immer auch das Rätsel des Anderen wäre, das sich in der intersubjektiven Zweiheit stellt? Von Fließ, dem »Repräsentanten des ›Anderen‹«, den er, Freud, »leider nicht entbehren« (Freud/Fließ, 21.9.1899) kann, hat Freud das Thema der Bisexualität. Mit dem Ende der Freundschaft scheint sich dieses Theorem einer ursprünglichen Zweigeschlechtlichkeit selbst zur Repräsentanz des Anderen, und zwar in der psychoanalytischen Theorie, verselbständigt zu haben: nicht assimilierbar und doch nicht zu entbehren.

II.

Die vielleicht konziseste Formulierung einer psychoanalytischen Theorie der Subjekt-Objekt-Beziehung finden wir in Freuds »Entwurf einer Psychologie«:

»Nehmen wir an, das Objekt, welches [die] W[ahrnehmung] liefert, sei dem Subjekt ähnlich, ein Nebenmensch. Das theoretische Interesse erklärt sich dann auch dadurch, daß ein solches Objekt gleichzeitig das erste Befriedigungsobjekt, im ferneren das erste feindliche Objekt ist, wie die einzige helfende Macht. Am Nebenmenschen lernt darum der Mensch erkennen. Dann werden die Wahrnehmungskomplexe, die von diesem Nebenmenschen ausgehen, zum Teil neu und unvergleichbar sein, seine Züge, etwa auf visuellem Gebiet;

andere visuelle W[ahrnehmungen], z. B. die seiner Handbewe-
gungen, aber werden im Subjekt über die Er[innerung] eigener, ganz ähnlicher visueller Eindrücke vom eigenen Körper
fallen, mit denen die Er[innerungen] von selbst erlebten Bewegungen in Assoziation stehen. Noch andere Wahrnehmungen
des Objektes, z. B. wenn es schreit, werden die Erinnerung an
eigenes Schreien und damit an eigene Schmerzerlebnisse
wecken. Und so sondert sich der Komplex des Nebenmenschen in zwei Bestandteile, von denen der eine durch konstan-
tes Gefüge imponiert, als Ding beisammenbleibt, während der
andere durch Erinnerungsarbeit verstanden, d. h. auf eine
Nachricht vom eigenen Körper zurückgeführt werden kann.
Diese Zerlegung eines Wahrnehmungskomplexes heißt ihn
erkennen, enthält ein Urteil und findet mit dem letzt erreich-
ten Ziel ein Ende. Das Urteil ist, wie man sieht, keine
Primärf[unktion], sondern setzt die Besetzung des disparaten
Anteiles vom Ich aus voraus ...« (1895, S. 426f.).

Das Objekt zerfällt damit in das »unassimilierbare«
Ding und »einen dem Ich aus eigener Erfahrung bekannten«
Teil (S. 457). Dieser Passage von 1895 möchte ich ein Fragment aus dem Jahre 1938 gegenüberstellen, das den Titel »Die
Ichspaltung im Abwehrvorgang« (1940b) trägt und gewissermaßen einen analogen Spaltungsprozeß nicht auf der Seite des
anderen, sondern auf der des Subjekts selber postuliert. Es
handelt sich dabei um eine Fortschreibung der Theorie des
Fetischismus: die Wahrnehmung des Geschlechtsunterschie-
des und die daraus resultierende Kastrationsangst führen
beim Knaben zur einer Spaltung des Ich in einen Teil, der
weiß, und einen Teil, der *nicht glaubt*, nämlich, daß Existenz
und Fehlen des Penis die unaufhebbare Differenz zwischen
den Geschlechtern markiert. Während Freud zunächst vom
Ich des »Kindes« spricht, exemplifiziert er später seine Auffassung am Fall des »Knaben«, der einerseits an der Masturbation festhält, andererseits ein neurotisches Symptom entwickelt, das der Kastrationsgefahr unbewußt Rechnung trägt.
Freud scheint hier »einen Moment lang« (1940b, S. 59)

erneut unentschieden zu sein in bezug auf das scheinbar doch längst als gelöst ad acta gelegte Problem der Symmetrie respektive Asymmetrie zwischen weiblichem und männlichem Ödipusschicksal. Einen Moment lang nämlich sieht es aus, als ob die längst dargelegte Asymmetrie sich vielleicht doch in eine Symmetrie zwischen den Geschlechtern verwandeln könnte.

Ich glaube nun, daß diese Symmetrie zwischen den Geschlechtern tatsächlich existiert, und zwar unter dem Aspekt, daß die mit dem anderen in das Subjekt eindringende Sexualität zunächst keine Ergänzung oder Verstärkung des jeweiligen biologischen Geschlechts des Subjekts bedeutet, sondern vor allem das Eindringen des Rätsels der Differenz selbst: zwischen den Geschlechtern und zwischen Subjekt und Objekt. Wesentlich dabei ist also, daß es sich bei der so interpretierten Bisexualität nicht um eine endogene Anlage des Subjekts, sondern um einen wesentlichen Aspekt des in das Ich eindringenden anderen und dessen Sexualität handelt.

»In der Körperpflege wird die Mutter zur ersten Verführerin des Kindes« und als solches »Vorbild aller späteren Liebesbeziehungen – bei beiden Geschlechtern« (1940b, S. 115). Diese erste Verführerin, die erste andere, ist diejenige, die – »bei beiden Geschlechtern« als Trägerin des Rätsels der »Zweiheit der Geschlechter« mit ihrer (erwachsenen) Sexualität die kindliche Selbsterhaltung affiziert und zum »Quellobjekt« (Laplanche) des kindlichen Sexualtriebes wird. Für Freud sind es die Not des Lebens einerseits und die helfenden – nährenden und pflegenden – Interventionen der Mutter andererseits, die das uneingeschränkte Lustprinzip, nach dem der psychische Apparat des Neugeborenen funktioniert, in das Realitätsprinzips transformieren – ein Prinzip des Umwegs zur Befriedigung statt direkter halluzinatorischer Herbeiführung. Die zunächst rein reflektorische Abfuhr der Unlustspannung im kindlichen Schrei wird nachträglich durch die mütterliche Interpretation dieses Schreis als Hilferuf zum Keim der sprachlichen Entwicklung. Lust- und Rea-

litätsprinzip sind dabei freilich nicht grundsätzlich voneinander geschieden, sondern lediglich durch die Funktion des
Aufschubs, die das Realitätsprinzip kennzeichnet. Im Lichte
der im »Jenseits des Lustprinzips« formulierten Triebtheorie
könnte man freilich auch spekulieren, ob es nicht allererst die
mütterliche Intrusion ist, die das konstituiert, was Freud das
Lustprinzip und in dessen späterer Modifikation das Realitätsprinzip nennt? Zunächst nämlich, so Freud, trachte der
psychische Apparat nach dem Muster des Reflexapparats
danach, Spannungen unmittelbar wieder abzuführen, sich
also spannungsfrei zu erhalten. Mit anderen Worten: Die
ursprüngliche Funktionsweise des psychischen Apparats folge
damit keineswegs dem Lustprinzip – denn Lust ist selbst an
die Empfindung einer »eigentümlichen Spannung« (Freud
1920, S. 69) gebunden –, sondern dem des Konstanz- respektive Nirwanaprinzips. Dieses von Freud im »Jenseits des Lustprinzips« dem Todestrieb unterlegte Funktionsprinzip würde
dafür sorgen, daß das Neugeborene den »Umweg« über das
Leben gar nicht erst beschreiten würde. Erst die mütterliche
Inauguration des Lustprinzips – die Einführung eines Rhyth-
mus von Spannungsabbau und -aufbau – ist es, die die »psychische Geburt« des Kindes ermöglicht. Wie *Laplanche* in seiner »Allgemeinen Verführungstheorie« (1988) beschreibt, ist
die mütterliche Brust, die in den Mund des Säuglings dringt
und ihn mit der lebensnotwendigen Milch versorgt, nicht
nur – für das Kind – ein Objekt der Selbsterhaltung, sondern
für die Mutter auch ein sexuelles Organ, nicht zuletzt auch als
Objekt des sexuellen Begehrens des Vaters. Mit der Milch
dringen jene »rätselhaften Signifikanten« in den Körper des
Kindes ein, die eben auch das Rätsel der Zweiheit der
Geschlechter enthalten; die dem Kind durch die elterliche Verführung eingepflanzte Sexualität – deren Produkt und darüber hinaus Objekt[2] das Kind selbst schließlich ist und damit

---

2 »Der Verkehr des Kindes mit seiner Pflegeperson ist für dasselbe
eine unaufhörlich fließende Quelle sexueller Erregung und Befriedigung von

auch selbst Bestandteil dieser nie endenden rätselhaften Signi-
fikantenkette – ist die durch den Geschlechtsunterschied kon-
stituierte Sexualität der Erwachsenen, die in das kindliche
»Jenseits« der Geschlechtsindifferenz als Bi-Sexualität ein-
dringt. Oder anders ausgedrückt: Die Bisexualität, die Freud
als ursprünglich annimmt, ist ein Reflex der mit dem lebens-
erhaltenden anderen eindringenden, von der Geschlechtsdifferenz geprägten Sexualität des Erwachsenen. So symmetrisch
das Verhältnis der Geschlechter zum anderen – nicht bloß zum
jeweils anderen Geschlecht! – ist, so asymmetrisch ist das Verhältnis zwischen kindlichem Subjekt und erwachsenem Anderen einerseits und zwischen Ich und dem inneren Anderen,
dem Unbewußten, andererseits.

An dieser Stelle muß schließlich noch einem naheliegen-
genden Mißverständnis vorgebeugt werden. Die Vorstellung
der Einpflanzung einer exogenen Sexualität, und das heißt
auch: einer Zeit vor der Sexualität, scheint hinter Freud
zurückzufallen in die Illusion einer »unschuldigen« Kindheit.
Dazu ist zu sagen, daß es sich bei dieser »Zeit« nicht um einen
Zeitraum angebbarer Ausdehnung, ein Entwicklungsstadium
also, handelt, sondern um eine »logische Zeit«, welche der
Tatsache der für den Menschen konstitutiven Intersubjekti-
vität einerseits und der menschlichen Generationenfolge andererseits Rechnung trägt.

erogenen Zonen aus, zumal da letztere – in der Regel doch die Mutter – das
Kind selbst mit Gefühlen bedenkt, die aus ihrem Sexualleben stammen, es
streichelt, küßt und wiegt und ganz deutlich zum Ersatz für ein vollgültiges
Sexualobjekt nimmt ... Die Mutter würde wahrscheinlich erschrecken, wenn
man ihr die Aufklärung gäbe, daß sie mit all ihren Zärtlichkeiten den Sexu-
altrieb ihres Kindes weckt und dessen spätere Intensität vorbereitet. Sie hält
ihr Tun für asexuelle ›reine‹ Liebe, da sie es doch sorgsam vermeidet, den
Genitalien des Kindes mehr Erregungen zuzuführen, als bei der Körperpflege
unumgänglich ist. Aber der Geschlechtstrieb wird nicht nur durch Erregung
der Genitalzone geweckt, wie wir ja wissen; was wir Zärtlichkeit heißen, wird
unfehlbar eines Tages seine Wirkung auch auf die Genitalzonen äußern.«
(Freud 1905, S. 124)

III.

In einer kurzen Passage in »Die endliche und die unendliche
Analyse« (1937, S. 98) nimmt Freud Bezug auf Fließ, »der
geneigt war, den Gegensatz der Geschlechter für den eigentlichen Anlaß und das Urmotiv der Verdrängung zu erklären.«
Freud hingegen lehnt es ab, »die Verdrängung in solcher Art
zu sexualisieren, also sie biologisch statt nur psychologisch zu
begründen«. In einem nichtbiologischen Sinne beschreibt
»Sexualisierung« freilich exakt die charakteristische Abwehr
der Zumutung des anderen in der Hysterie. So prägnant wie
verdreht schreibt der misogyne Antisemit und homosexuelle
Jude Otto Weininger in seinem Buch »Geschlecht und Charakter« über die Hysterika, deren Verlogenheit charakteri-
stisch für das weibliche Geschlecht sei: »Der ›Fremdkörper im
Bewußtsein‹, das ›schlimme Ich‹ ist in Wirklichkeit ihre eigen-
ste weibliche Natur, während, was sie für ihr wahres Ich hält,
gerade die Person ist, die sie durch das Einströmen alles Fremden wurde. Der ›Fremdkörper‹ ist die Sexualität, die sie nicht
anerkennt ...« (Weininger 1980, S. 361f).

Der Verlust der Realität ist, wie Freud in seiner kurzen
Schrift über den »Fetischismus« (1927) zeigt, kein privilegier-
tes Symptom der Psychose, sondern, mindestens als partieller
Realitätsverlust, der Effekt einer Abwehrform, die Freud als
»Verleugnung« bezeichnet, welche typisch für die fetischistische Perversion (die Verleugnung der Kastriertheit der Frau)
ist, aber darüber hinaus als ebenso ubiquitäre Weise der
Abwehr vorgestellt werden kann wie die Verdrängung. Die
Verleugnung zeichnet sich dadurch aus, daß einer Wahrnehmung die Anerkennung verweigert wird – sie entspricht darin
der »Verneinung«. »Woran der Paranoiker in seinem Wahn
glaubt«, schreibt *Michael Turnheim* in seinem Aufsatz über
den Unglauben in der Psychose, »entspringt seinem anfängli-
chen Unglauben« (1993, S. 32). So wie das Verdrängte wiederkehrt, so kehrt auch das Verleugnete wieder: im Wahn und
in der Perversion, aber keineswegs nur dort.

Allzu offensichtlich geradezu ist es, wie der verleugnete Andere, die verleugnete Konstitution des Subjekts durch den eindringenden Anderen, im paranoischen Wahn der Beobachtung und der Beeinflussung durch andere ihren entstellten Ausdruck finden. Der Glaube, daß es erstens keinen Geschlechtsunterschied gibt und daß dieser zweitens sexuell nicht bedeutsam ist, ist kein ausschließliches Merkmal des Perversen, sondern durchzieht in Variationen die Ideologie der Homosexualität ebenso wie auch der Heterosexualität, denn die Betonung der Begehrens des anderen Geschlechts ist keineswegs der Anerkennung der Tatsache, daß das Begehren immer das Begehren des anderen ist – wie *Lacan* sagt – gleichzusetzen. Die derzeitig zu beobachtende immense Toleranz noch gegenüber den merkwürdigsten Perversionen, sofern sie im Einverständnis der Beteiligten praktiziert werden (oder, allgemeiner: die Ideologie der Sexualität als Vertragsverhältnis unter Gleichen) und die gleichzeitigen geradezu allergischen Reaktionen durch die Zumutung des anderen – den Übergriff schon im anzüglichen Blick – zeugen vom Skandalon des (längst schon eingedrungenen) Anderen an sich. Oder in einer Formulierung Laplanches: »Daß der ›Trieb‹ für das Ich das gleiche darstellt wie der Schmerz für den Körper, daß das Quellobjekt des Triebs in der Hülle des Ichs feststeckt wie der Dorn in der Haut, dieses Modell müssen wir andauernd im Sinn behalten« (1996, S. 215).

Die »Urverdrängung«, welche das intersubjektive Verhältnis von Subjekt und Objekt von einem nur äußeren in ein zugleich inneres verwandelt, indem sie ein inneres Anderes, ein Unbewußtes, schafft – von dem Mißverständnis, das Unbewußte entstünde lediglich als Effekt einer mit der psychischen Entwicklung zunehmenden Verdrängung, sollten wir uns verabschieden – diese Urverdrängung zeugt vom Widerstand (durchaus im strengen technischen Sinne des Übertragungswiderstands: Widerstand gegen die Übertragung, die der andere auf mich vornimmt) gegen den Anderen ebenso wie sie letztlich zu dessen Verinnerlichung führt.

Literatur

Freud, S. (1895): Entwurf einer Psychologie. GW, Ergänzungsband. Frankfurt a. M.

Freud, S. (1901): Zur Psychopathologie des Alltagslebens. GW IV. Frankfurt a. M.

Freud, S. (1905): Drei Abhandlungen zur Sexualtheorie. GW V. Frankfurt a. M.

Freud, S. (1920): Jenseits des Lustprinzips. GW XIII. Frankfurt a. M.

Freud, S. (1927): Fetischismus. GW XIV. Frankfurt a. M.

Freud, S. (1937): Die endliche und die unendliche Analyse. GW XVI. Frankfurt a. M.

Freud, S. (1940a): Abriß der Psychoanalyse. GW XVII. Frankfurt a. M.

Freud, S. (1940b): Die Ichspaltung im Abwehrvorgang. GW XVII. Frankfurt a. M.

Jones, E. (1982): Das Leben und Werk von Sigmund Freud. Bd. I. Bern/Stuttgart/Wien.

Laplanche, J. (1988): Die Allgemeine Verführungstheorie. Tübingen.

Laplanche, J. (1996): Masochismus und allgemeine Verführungstheorie. In: Die unvollendete kopernikanische Revolution in der Psychoanalyse. Frankfurt a. M., S. 202–221.

Turnheim, M. (1993): Der Unglaube in der Psychose. In: Freud und der Rest. Wien, S. 23–33.

Weininger, O. (1903): Geschlecht und Charakter. München, 1980.

Die Psychoanalyse und der Begriff der sexuellen Störung

Freud und der Symptombegriff

Die Störung der Sexualität stellt für Freud ein zentrales Symptom der Neurose dar. Das kann man besonders deutlich an seinem Umgang mit dem sexuellen Symptom in der Arbeit »Hemmung, Symptom und Angst« (1926) sehen. Darin hat Freud einen großen Neuerungsschritt in seinem konzeptuellen Denken unternommen. Die Arbeit schließt die Entwicklung des sogenannten Instanzenmodells, also der Strukturierung des Seelenlebens in Ich, Über-Ich und Es ab, indem sie vor allem die Rolle der Angst untersucht und dabei die sogenannte zweite Angsttheorie ausführt. Viele Dinge konnten von Freud durch diese neue Strukturierung besser erklärt werden als mit der alten, einfachen Unterscheidung zwischen bewußten und unbewußten Seelenvorgängen. Es wurde nun viel dynamischer darstellbar, daß das Ich als eine der Realität zugewandte Instanz des Seelenlebens, die mit unserem Selbstgefühl und Selbsterleben zu tun hat, unbewußte Operationen durchführt, um sich vor Ansprüchen des Trieblebens zu schützen und daß es darüber hinaus auch noch andere gar nicht triebhafte Ansprüche gibt, gegen die sich dieses Ich wehren muß, die von den unbewußt gewordenen Forderungen der Gesellschaft und der Eltern kommen.

Die sogenannte zweite Angsttheorie geht nun nicht mehr davon aus – wie Freud das ursprünglich vorschlug –, daß es sich bei Angst um umgewandelte sexuelle Erregung handle. Nun war die Angst ein physiologisch vorgegebener Grundaffekt geworden, der zunächst die Aufgabe habe, das Ich vor Gefahren zu warnen, wie sie von den Ansprüchen der Realität, den Es-Ansprüche aber auch den Über-Ich-Ansprüchen ausgehen könnten. Ein Andauern oder Fortdauern von Angst wird damit symptomatisch für die Unfähigkeit des Ich, seine Ausgleichsfunktion oder Integrationsfunktion wahrzunehmen. Angst drückt somit ein Stocken dieser ständigen im Fluß begriffenen Dynamik aus. Sie ist das erste Symptom für ein *Anpassungsproblem des Menschen an seine Umwelt.* Alle anderen Zeichen der Neurose beziehungsweise neurotischen Symptome im Freudschen Sinn folgen diesen Ängsten nach und drücken somit nichts anderes aus, als eben dieses Ungleichgewicht in der Anpassung, dieses Ungleichgewicht der Ansprüche, denen die Regulationsfähigkeit des Ich nicht mehr gewachsen ist. Den Zusammenhang zwischen Sexualität und Angst stellt Freud schematisch dargestellt so dar:

Tabelle 1: Sexuelles Symptom
(aus: Freud »Hemmung, Symptom und Angst«, 1926)

Symptom = Ersatz für unterbliebene Triebbefriedigung

—   einfache Hemmung
        Unlust
        Erektionsstörung
        Ejaculatio präcox, – retarda, – deficiens
        Orgasmusstörung
—   Verknüpfung der Funktion mit besonderen
    Bedingungen:
        Fetisch
Wenn Hemmung oder Verknüpfung vom Ich nicht geleistet wird, tritt *Angst* auf!
—   Angst vor Sexualität (Hysterie)
—   Ekel (nachträgliches Distanzieren)
—   Zwangshandlungen
—   Phobien

Ich-Einschränkungen im Sinne der Hemmung, Angst und häufig auch ein Schuldgefühl (dies weist auf Über-Ich-Ansprüche hin) sind sozusagen die allgemeinen Symptome der Neurose – wie es Fenichel (1945) ausgedrückt hat. Sie sind nichts anderes als Ausdruck einer gestörten Anpassung, also ein relatives Maß, nur sehr indirekt analog einem Krankheitssymptom zu sehen, das auf eine Störung des Körpergleichgewichts hinweist. Fieber etwa, wäre so etwas Ähnliches, Ausdruck, daß der Körper im Abwehrkampf gegen Erreger oder Gifte ins Ungleichgewicht geraten ist. Der psychoanalytische Symptombegriff hat also mit der Medizin nur sehr am Rande etwas zu tun und entspricht dort am ehesten dem Ausdruck der *funktionellen Störung*. Ich fasse seine Eigenschaften kurz zusammen:

1. Symptom ist *Ausdruck eines gestörten Ausgleichs* zwischen unterschiedlichen ans Ich herangetragenen Ansprüchen.

2. *Angst ist ein erstes Symptom* dieses Ungleichgewichts; da sie Anlaß für weitere Abwehroperationen ist, kann sie von einer ganzen Reihe anderer Symptome, Schuldgefühle, körperliche Beschwerden, weitere Hemmung – besonders im sexuellen Bereich –, Zwangsdenken und so weiter gefolgt sein.

3. Symptome sind daher *subjektiv* Erlebtes. Das Ich teilt sie uns mit. Ohne die individuelle Vermittlung des Ich können wir sie nicht erfahren. Wir sind zur Definition der Symptome auf die Introspektion und Mitteilung des vom Symptom Betroffenen angewiesen.

4. *Objektivierung von Symptomen* – wie das Fiebermessen beim körperlich Kranken – ist nur sehr indirekt möglich. Natürlich können wir Maße für mitgeteilte Angst, erlebte Körperspannung und so weiter entwickeln, wir müssen uns aber dabei bewußt bleiben, daß sie nie mit der gleichen materiellen Objektivität gemessen werden können wie etwa die Temperatur eines Patienten.

5.　Eine wesentliche Komponente der »Meßlatte« ist immer das *Empfinden des Betroffenen* selbst. Er spricht von panischer Angst, unerträglichen Schuldgefühlen oder Schwierigkeiten mit seiner Umwelt, die ihn nur sekundär belasten. Das sind die Schweregrade einer neurotischen Störung im psychoanalytischen Sinn. Das sind auch die Ansatzpunkte für den psychoanalytischen Psychotherapeuten, der mit seiner Methode nichts anderes vermag, als dem Betroffenen zu helfen, ein neues Gleichgewicht in seinem gestörten Adaptationsprozeß zu erreichen.

6.　Man sollte diese *Subjektivität der psychoanalytischen Begriffe* nie vergessen. Leider geschieht dies viel zu oft. Dann werden scheinbar objektive Normen aufgestellt, wie »reife Sexualität« zu sein habe oder eine Entwicklung zum Erwachsensein. Eigentlich kann der Psychoanalytiker nur feststellen, daß es Leute gibt, die darunter leiden, daß ihre sexuellen Wünsche nicht mit dem übereinstimmen, was sie selbst oder andere als reif oder gesund empfinden. Sie können auch feststellen, daß sie mit ihrer Gegenübertragung Schwierigkeiten bekommen, weil die Sexualität des von ihnen Behandelten so besonders aggressiv oder ekelerregend ist, daß sie sich damit nicht identifizieren können. Sie bleiben dann auf der »Über-Ich-Seite« der Patientenansprüche, halten nicht mehr eine gleichbleibende Distanz zu Es und Über-Ich. Das verändert die psychoanalytische Technik. Das ist auch weiter nicht so schlimm. Viel schlimmer wäre, wenn man dem Patienten gegenüber so täte, als ob man gleiche Distanz hätte, alles unvoreingenommen sehen könnte. Dann kommt nämlich die Lüge in die Analyse, und dann funktioniert sie überhaupt nicht mehr.

Diese Art von subjektiven Krankheitsbegriff hat seit Freuds »Hemmung, Symptom und Angst« die psychoanalytische

Neurosenlehre bestimmt. Allerdings sind in den letzten Jahren und Jahrzehnten immer mehr Stimmen laut geworden, die so sehr von Hemmungen und Ängsten gesprochen haben, von den Repräsentanten der Außenwelt im psychischen Apparat in Form von Objektrepräsentanten und Selbstrepräsentanten, daß die Ansprüche des Es beziehungsweise des Trieblebens mehr und mehr aus dem Gesichtsfeld geraten sind. Viele Psychoanalytiker haben die Triebtheorie längst aufgegeben, vom Es ist kaum mehr die Rede, die Internalisierung früher Erfahrungen und der von ihnen ausgehende Druck, die Traumabearbeitung treten in den Vordergrund. Im folgenden soll aber wieder dem Trieb nachgegangen werden. Wo ist er geblieben, welche Bedeutung hat er eigentlich für heutige Überlegungen zur psychischen Störung?

Vielleicht findet man die Triebe wieder, wenn man die sexuellen Störungen genauer in Betracht zieht. Deshalb soll zunächst untersucht werden, wie sich bei Freud selbst das, was er als »sexuelle Störung« verstand, im Laufe seiner Entwicklung verändert hat, und dann, wie es sich seit Freud weiter verändert und andere Aspekte des Triebhaften in den Vordergrund rücken.

Von Freud zu Klein

Zunächst war Freuds Standpunkt gar nicht so radikal individualistisch, wie das oben angedeutet wurde. Auf den Spuren Darwins wandelnd, ging Freud zunächst davon aus, daß die bewußten Kräfte des Individuums selbsterhaltend wirksam sind, während die unbewußten – wie beim Tier – der Arterhaltung dienen sollen. Das Ich war ein Selbsterhaltungs-Ich, die verdrängten Triebe Arterhaltungs-Triebe, also geschlechtlicher Natur. Wie beim Tier die Antriebe der Arterhaltung sich sogar gegen Schmerzvermeidung und den Hunger durchsetzen können, so kann auch der Mensch von seinen unbewußten sexuellen Antrieben überwältigt und somit geängstigt werden.

Da jedoch nicht alles, was wir als sexuelle Erregung oder stimulierend empfinden, der Arterhaltung dient, war es zunächst naheliegend, Sexualität, die nicht in Fortpflanzung mündet, als funktionsstörend, damit krank, damit pervers zu erklären.

Es gab also zwei Arten der sexuellen Störung: Die *sexuelle Hemmung* – wie wir sie bei fast allen *Neurosen* finden –: sie beeinträchtigt ebenfalls die Arterhaltung, und die *sexuelle Perversion,* bei der der Wunsch zu kohabitieren weitestgehend außer Kraft gesetzt ist. Vorübergehendes Schwelgen in der sogenannten oralen oder analen Vorlust hätte Freud nie – im Gegensatz zu späteren Unterstellungen – als pervers bezeichnet. Pervers ist nur der weitgehende oder vollständige Ersatz der heterosexuellen Kohabitation durch andere erotisch lustvolle Betätigungen. Im Gegensatz zu seinem Zeitgenossen *Krafft-Ebing* fand Freud gleichzeitig viele orale und anale lustvolle Betätigungen in der Kindheitsentwicklung angelegt und wesentlichen Bestandteile einer späteren objektgerichteten Sexualität, aber sehr im Einklang mit der von Krafft-Ebing vertretenen biologischen Norm fand er die Beschränkung auf diese sogenannten Vorlüste als Abweichen von der Kohabitation und daher als Störung. Selbst dann, wenn das betroffene Individuum selbst solche sexuelle Betätigung keineswegs als Störung erlebte.

Aus der heutigen Sicht wird dabei besonders kritisiert, daß etwa die Vergewaltigung nicht unter diesen Störungsbegriff fällt, sehr wohl aber die Homosexualität. Sie hatte Freud selbst zwar nicht als Perversion, wohl aber als *Inversion* bezeichnet. In dieser Abgrenzung der Homosexualität von den anderen Perversionen wird deutlich, daß Freud durchaus in Erwägung zog, daß es noch andere »natürliche« Varianten sexuellen Erlebens geben könne als solche, die in die Kohabitation münden.

Ich denke, wenn wir uns nun Freuds Erörterungen über den Fetischismus zuwenden, die er 1927 verfaßt hat, also nach der Entwicklung der Strukturtheorie und dem Krankheitsverständnis von Hemmung, Symptom und Angst, dann finden wir dort schon deutliche Anhaltspunkte für eine andere Art zu denken: Der Knabe entwickelt eine Begeisterung für das leblose Objekt des Fetischs, da es ihn von der Wahrnehmung des weiblichen Genitales ablenkt. Die Wahrnehmung des weiblichen Genitales löste in ihm einen heftigen Schreck aus, da es ihn an die Möglichkeit erinnert, seinen eigenen Penis verlieren zu können. Es erinnert ihn also an eine Bedrohung, an eine Gefahr und löst somit Angst aus. Das Symptom ist der Fetisch. Er symbolisiert die Vorstellung von einer nicht beschädigten, nicht »kastrierten« Frau.

In dieser Arbeit über den Fetischismus und in der »Ich-Spaltung im Abwehrvorgang« (1938) entwickelt Freud sehr grundsätzliche Vorstellungen über Entstehung und Funktionsweise sexuell perverser Symptome. Diese Vorstellungen sind so wichtig und so grundsätzlich, daß ich sie hier noch näher ausführe. Keineswegs ist jede Beobachtung des weiblichen Genitales für den Knaben traumatisch und erinnert an Kastration. Selbst wenn sie an Kastration erinnert, muß sie nicht traumatisch sein, denn häufig kann man bei Kinderbeobachtungen sehen, daß Knaben und Mädchen die Phantasie vom »Nachwachsen« entwickeln und sich durch den Geschlechtsunterschied nicht unbedingt erschrecken lassen. Es müssen mehrere Komponenten zusammentreffen, damit die Konfrontation mit der Zweigeschlechtlichkeit des Menschen für das Kind zum Trauma wird. Erstens muß das eigene Genitale als Lustspender erfahren worden sein. Masturbatorische Erlebnisse haben diese Erfahrung vermittelt. Zweitens muß die Kastrationsdrohung durch äußere Erfahrungen an Wahrscheinlichkeit gewonnen haben, so daß man sich nicht mehr ohne weiteres darüber hinwegsetzen kann.

Besonders wichtig wird aber für Freud, daß das Kind angesichts dieser Wahrnehmung von Gefahr für seinen eigenen »Lustspender« zwei unterschiedliche Möglichkeiten der Reaktion hat. Diese beiden Möglichkeiten werden die späteren Abwehr beziehungsweise Anpassungsstrukturen grundsätzlich prägen. Die erste Möglichkeit besteht darin, daß es die Gefahr der Kastration wahrnimmt und, um ihr zu entgehen, zunächst auf die Masturbation verzichtet. Der Triebwunsch wird *verdrängt*. Dies führt zu einer grundsätzlich neurotischen Abwehrstruktur, zu einer Tendenz zur sexuellen Hemmung und Ich-Einschränkung bei sonst guter, vielleicht *zu* guter Realitätskontrolle und guter Beziehung zu den Objekten. Die zweite Möglichkeit besteht darin, die Wahrnehmung der Realität zu *verleugnen* oder zumindest die affektive Wahrnehmung dieser Realität zu verleugnen. Ein anderer Teil der Wahrnehmung wird mit Wichtigkeit besetzt. Meist sind es Elemente, auf die der Blick fiel, bevor das Genitale selbst wahrgenommen wurde. Elemente des weiblichen Körpers, der weiblichen Kleidung oder anderes. Diese Elemente werden erotisch besetzt, und dann ist die Masturbation wieder etwas angstfreier möglich. Freud nennt diesen Weg den der Psychose ähnlichen, wenn er ihn auch gleichzeitig klar von der Psychose unterscheidet (»pseudopsychotisch«). Heute würden wir ihn den »Borderline«-Weg nennen. Bei der Borderline-Störung geht es meist um ein aggressiv oder erotisch lustvolles Agieren, das die Wahrnehmung von Gefahren ausschaltet. In der Arbeit »Die Ich-Spaltung im Abwehrvorgang«, die 1938 geschrieben und 1940 veröffentlicht wurde, greift Freud noch einmal diese Dichotomisierung der Abwehr auf. Er macht deutlich, daß es durch dieses verleugnende Weitermasturbieren zu einem »Riß im Ich« käme, daß der Teil, der die Wahrnehmung der Realität verweigert, sich nicht weiterentwickelt, auf der infantilen Art der Lustbefriedigung stehenbleibt, aber gleichzeitig damit ermöglicht, daß der Rest der Persönlichkeit sich relativ ungestört von impulsiv erotischen Antrieben weiterentwickeln und differenzieren kann. Wir begegnen hier einem völlig neuen Umgang mit dem Symptom- beziehungsweise Störungsbegriff. Ich möchte das noch einmal punktweise herausarbeiten:

1. Störung resultiert aus einer als subjektiv gefährlich an-
    genommenen Situation.
2. Das Ich kann die (vermeintliche) Gefahr nicht bewälti-
    gen, und es entsteht Angst.
3. Zwei Wege der Anpassung sind möglich
    a) Rückzug, Vermeiden der triebhaften Annäherung
       an das Objekt
    b) Verleugnung von Realitätswahrnehmungen, vor-
       wärts stürmen nach dem Motto »Augen zu und
       durch«, Triebbefriedigung unter Gefahr.

Es gibt keinen absolut richtigen Weg, sondern nur verschiedene Mischungsverhältnisse von Vorwärts und Rückwärts,
von triebhafter Aktivität und Unterdrückung und Aufschub.

Der Störungsbegriff ist hier ein fließender geworden. Es
gibt nur mehr eine mehr oder weniger fetischistische Sexualität, eine mehr oder weniger zielgehemmte sexuelle Aktivität,
eine mehr oder weniger symbolisierte direkte oder indirekte
Befriedigung. Perversion wird ab nun und in der Folge von
fast allen Analytikern durch den Fetisch charakterisiert und
nicht mehr durch die vermiedene Kohabitation. Nun ist der
Weg offen, um auch eine mehr oder weniger fetischistische
Homosexualität und Heterosexualität zu diagnostizieren, die
biologische Norm der Kohabitation wurde durch eine eigen-
ständig psychodynamische ersetzt, nämlich das Vermeiden
der Annäherung an das lebendige Objekt durch Zuhilfenahme
oder völligen Ersatz von leblosen Objekten.

Der Fetisch wurde zum zentralen Erkenntnismerkmal
dessen, was man Perversion nannte; die Fetischisierung der
Beziehung, wie sie zum Beispiel Masud Khan in seinem Buch
»Die Entfremdung in der Perversion« (1983) beschrieb. Die
Fetischisierung ist auch das zentrale Merkmal für das, was
Reiche (1996) als »pervers« definiert. Gleichzeitig wird deutlich, daß sich Perversion nicht scharf abgrenzen läßt, sondern
jede Beziehung fetischistische Elemente enthält, die Störung
wird zu einer Frage der Quantität.

Nun wenden wir uns noch einmal der Frage zu, die Freud sehr beschäftigte und deren Antwort er der Zukunft überließ. Was macht den Unterschied, wieso reagiert die eine Gruppe von Menschen angesichts der Bedrohung und Gefahr mit Verleugnung und Aktivität, Verwirklichung von Lustansprüchen, selbst auf die Gefahr hin, dadurch Schaden zu erleiden, und die andere mit Rückzug, verstärkter Realitätskontrolle und neurotischer Hemmung ?

Eine Antwort darauf gab *Melanie Klein* (vgl. Klein 1972). Wie für Freud die zentrale Metapher zur Erklärung der menschlichen Anpassungsvorgänge die Konfrontation des Kindes mit der Zweigeschlechtlichkeit und eigenen sexuellen Antrieben – die in den Ödipuskomplex münden – war, so war für Melanie Klein die zentrale Metapher die Beziehung des Kindes zu seiner Mutter und die erste Befriedigung im Saugakt. Sie wurde die Begründerin der *Objektbeziehungstheorie*. Ihr wichtigstes Anliegen war, die Entstehung eines konstanten inneren Bildes vom anderen zu klären, die Repräsentanz zunächst des Mütterlichen im seelischen Apparat. Abraham und Ferenczi folgend, ging sie davon aus, daß es schon zur Zeit der oralen Befriedigung auch zur psychischen Introjektion äußerer Objekte kommt, zur symbolischen Aufnahme des Objekts gewissermaßen, das sich zunächst gar nicht als einheitliches Objekt manifestiert, sondern bruchstückhaft als gute (nährende) oder böse (sich entziehende, schmerzbereitende) Brust.

Was Freud in seiner Fetischismusmetapher als Spaltung des Ich bezeichnete, bestand nach Melanie Klein schon viel früher als archaischer Abwehrmechanismus, als Spaltung in Gut und Böse, als ein Versuch, gute und schlechte Erfahrungen getrennt zu halten, um die guten nicht von den schlechten kontaminieren zu lassen und bei Schlechtwetter ungehemmt toben zu können. Nach Melanie Klein und besonders nach den differenzierten Ausführungen von Edith Jacobson (1971) ist es erst die konstante Verfügbarkeit eines insgesamt positiv eingestellten mütterlichen Objekts, das es dem Säugling beziehungsweise dem Kind ermöglicht, ein ganzheitliches Bild vom Objekt mit eigenständiger persönlicher Identität zu entwickeln. Wer ein solches ganzheitliches Bild von sich selbst und vom anderen nicht oder nur schwach entwickeln konnte, wird leicht in Frustrationssituationen in die alten Spaltungsmechanismen zurückfallen, die Welt als entweder böse und verfolgend erleben oder bei augenblicklich guten Erfahrungen als phantastisch, hoffnungsvoll und großartig.

Nach Melanie Kleins Untersuchungen ist es daher naheliegend, Freud zu antworten: Die Reaktion des Kindes auf eine Frustration in seiner genital-erotischen Phase wird stark von seiner Vorentwicklung abhängen, stark davon, wie sehr dieses Kind Objektkonstanz und Vertrauen ins Objekt entwickelt hat. Ein Kind mit primär guter Elternbeziehung, mit einem Glauben an grundsätzliche Sicherheit in der Welt und bei den Eltern, wird angesichts einer die lustvolle Befriedigung gefährdenden Bedrohung eher dazu geneigt sein, die Lust hintanzustellen für das Aufrechterhalten der sicheren Beziehung zu Mutter oder Vater oder beiden.

Ein anderes Kind hingegen, das keine sichere Bindung entwickeln konnte, besonders die Mutter als unverläßlich und nur gelegentlich lustspendend, dann wieder bedrohlich erleben mußte, wird eher die andere Strategie einschlagen, eher bei der augenblicklichen narzißtisch gefärbten Lust bleiben, nicht aufschieben können, nicht auf zukünftige bessere Befriedigungsmöglichkeiten vertrauen können. Die Tendenz zur Spaltung und Verleugnung, die so wichtig für die Fetischbildung und Fetischbenützung ist, wird nach diesem Konzept durch prägenitale Frustrationen gefördert.

Diese Erkenntnisse führten seit Melanie Kleins Zeiten dazu, daß die Bedeutung der Oralität und Analität für die Entwicklung zum sogenannten perversen Symptom in den Mittelpunkt gestellt wurde. Parallel dazu wurde festgestellt, daß die meisten Fetische überdeterminiert sind, nicht nur durch den Blick in der traumatischen Situation selbst erklärt werden (Gillespie 1956) können, sondern durch vielfältige orale und anale Fixierungen. Es gibt Brücken zu dem, was Winnicott (1951) das *Übergangsobjekt* genannt hat – das Stofftier oder Polsterzipfel, der das Daumenlutschen begleitet und zunächst die Mutter oder Mutterbrust ersetzt – es gibt Brücken zum Leder und Gummi, die schon durch ihren Geruch an Analerotik erinnern sollen. Wieder muß man betonen, daß keinesfalls jedes von Kindern benutzte Übergangsobjekt fetischartigen Charakter bekommt, ganz im Gegenteil, nur in ganz wenigen Fällen werden diese beruhigenden Gegenstände erotisiert und in sexuelle Phantasien eingebaut. Wieder bedarf es spezifischer frustrierender Lebensereignisse, um eine solche Entwicklung in Gang zu setzen. Es gibt Untersuchungen an Sexualstraftätern, die zeigen, daß narzißtischer Rückzug und Flucht in erotische Phantasien als Ersatz für eine beruhigende Beziehung in deren Entwicklung eine große Rolle spielen. Mit sich selbst beschäftigte oder süchtige Eltern sind in diesen an Verwahrlosungen reichen Populationen häufig (vgl. Ressler et al. 1988).

Die Benutzung des Fetisch ist es also, die uns Frustrationen und Traumatisierungen auf dem Weg zur Erwachsenensexualität andeuten. Die meisten Menschen, sowohl Männer als auch Frauen, verwenden zumindest spurweise fetischistische Elemente in ihren erotischen Beziehungen. Solange das einen spielerischen Charakter hat, ohne große Schwierigkeiten benutzt und wieder aufgegeben werden kann, sind diese fetischistischen Elemente keineswegs Anlaß für psychoanalytische Interventionen. Dazu gehören von der Haarlocke des oder der Geliebten, der Schwäche für ein bestimmtes Kleidungsstück bis zum Piercing zum Beispiel am Nabel alle möglichen Accessoires des Liebeslebens. Von Störung sprechen wir erst dann, wenn diese fetischistischen Elemente ein so starkes Eigenleben entwickeln, daß die Beziehung zum Partner dahinter verschwindet, der Betroffene selbst oder sein Partner durch diese Überidealisierung des Gegenständlichen irritiert werden.

Stoller

Wie wenig statisch der Störungsbegriff in der Psychoanalyse benutzt werden kann, wie schwierig es ist, ihn eindeutig zu definieren, kann man auch an der Theorieentwicklung eines neueren Psychoanalytikers zeigen, nämlich an *Robert Stoller*.

Robert Stoller hat sich zunächst mit dem Problem der geschlechtlichen Identität beschäftigt und der Rolle der geschlechtlichen Identität für unterschiedliche Störungen vom Transsexualismus bis zur perversen Symptombildung. Im Anschluß an Greenson machte Stoller darauf aufmerksam, daß Männer in ihrer geschlechtlichen Identität besonders gefährdet sind, da sie sich im Gegensatz zu den Frauen zunächst von ihrem ersten wichtigen Liebesobjekt, nämlich der Mutter, zumindest geschlechtlich »desidentifizieren« müssen, um sich selbst als männlich zu begreifen. Zunächst brachte Stoller die Phänomene des Transsexualismus und des Transvestitismus mit dieser konflikthaften beziehungsweise nicht vollziehbaren Desidentifizierung von der Mutter in Zusammenhang (1973).

Wieder sind es eine ganze Reihe von Faktoren, die eine solche Desidentifizierung erschweren. Einer davon mag der Narzißmus der Mutter sein, die ihr Kind als Verlängerung von sich selbst erlebt – als ihren Phallus gewissermaßen – und so Trennung und Ablösung erschwert. Ein weiterer Faktor, der für Stollers spätere Perversionstheorie ganz wichtig wurde, sind traumatische Erlebnisse in der Beziehung zur Mutter ganz allgemein.

Stoller schrieb 1975 das bedeutsame Buch »Perversion – die erotisierte Form von Haß« und führte damit auf einer sehr breiten Ebene das aus, was sich seit Melanie Klein und ihren Nachfolgern in der Psychoanalyse anzudeuten begann: nämlich, daß die durch Frustration herbeigeführte Aggression die Wut auf das Objekt die ganz entscheidende Rolle für die Entwicklung zur Perversion spielt. In vielen Beispielen machte Stoller deutlich, wie es in perversen Inszenierungen geradezu zur

Umkehr eines traumatischen Erlebnisses kommt. Ein Transvestit, wie ihn Stoller beschreibt, verkörpert keineswegs einfach eine schöne Frau, sondern raubt einem durch seinen aggressiven Sex-Appeal den Atem. Er hat grellblond gefärbtes Haar, stark geschminkte Lippen, einen roten Lackmantel, zwölf Zentimeter hohe Stöckelschuhe und stolziert hüftschwingend über die Straße, wie eine herausfordernde Prostituierte und letzten Endes in Identifizierung mit seiner eigenen Mutter, vor deren weiblichen Reizen er sich fürchtete, um deren Macht als Frau er sie massiv beneidete. Ein masochistischer Patient, der das Geschlagenwerden erotisiert, verkehrt ebenfalls eine als Kind erlebte Niederlage in einen erotischen Triumph. Jetzt wählt er die Schläge selbst, findet sie sexuell erregend und zwingt andere, sie ihm zu verabreichen. Die als Kind erlebte Niederlage wird in einen Triumph umgewandelt, wird zentral für Stollers Ansichten über Perversion.

Aber schon 1979 vollzieht Stoller einen weiteren Schritt in seinem Gedankengebäude, der gleichzeitig seine Ansichten über Perversion aus dem Jahr 1975 deutlich relativiert: In der Analyse einer Reihe von Patienten habe er herausgefunden, daß das, was seiner Ansicht nach nur für die Perversionen gelte, praktisch bei jeder starken sexuellen Erregung zu finden ist. Jeder von uns trägt eine Lebensgeschichte in sich und schreibt sie ständig weiter in die Zukunft. Ständig schreiben wir an einem Liebesroman mit bewußten und unbewußten Anteilen, der voll von Szenen und Inszenierungen ist, die sich unserer Phantasie aufdrängen, manchmal die Masturbation begleiten, manchmal über Jahre im stillen schlummern und auf äußere Ereignisse warten, um sich annäherungsweise da und dort zu verwirklichen. Wenn man diese Szenen und Phantasiegebilde genau untersucht, sind sie immer auf Bruchstücke traumatischer Lebensereignisse zurückzuführen, die gewendet, getauscht und erotisiert werden.

Ein ganzes Leben lang soll die Erotisierung dazu beitragen, Wunden, die unserer Seele geschlagen wurden, ungeschehen zu machen, zu rächen oder ganz einfach zum Ausgangspunkt eines großen Triumphes werden zu lassen. Alle sind wir ständig Aschenputtel, die die guten von den schlechten Erbsen zu trennen haben, während sich andere vergnügen, und die darauf hoffen, im großen Walzer mit dem Prinzen zu strahlen und alle anderen in den Schatten zu stellen. Manchmal kastrieren wir uns sogar selbst, schneiden uns Fersen und Zehen ab, wie die Schwestern Aschenputtels, um in den schmalen fetischistischen Schuh zu passen, der uns den leichten Walzer ermöglichen wird, um vom Prinzen für Aschenputtel gehalten zu werden, um in dieser Als-ob-Rolle für einige Stunden Aschenputtel als Prinzessin zu sein.

Ähnlich wie bei Freud zeigt sich auch bei Stoller, daß eine psychodynamische Gesetzmäßigkeit, die zunächst nur für extrem außergewöhnliche Fälle zu stimmen schien, in ähnlicher Form bei fast allen Menschen zu finden ist. Stoller mußte seinen Traum aufgeben, die psychodynamische Gesetzmäßigkeit für eine sexuelle Störung – die Perversion – gefunden zu haben, dafür hat er allerdings etwas anderes gefunden, nämlich etwas Allgemeingültiges für die Sexualität überhaupt. Es geht um die Gewichtigkeit des Traumatischen und der aggressiven Verarbeitung des Traumatischen für die sexuelle Erregung.

Was läßt sich daraus schließen? Hat die Psychoanalyse mit dem Begriff der sexuellen Störung überhaupt nichts zu tun, kann sie zum Störungsbegriff gar nichts beitragen?

Auch Stollers Ausführungen haben zum Verständnis schwerer sexueller Störungen beigetragen. Viel schneller verstehen wir heute den Wut- und Haßanteil in manchen Erscheinungsformen des Sexuellen – wie bei der Vergewaltigung, dem Kindesmißbrauch und anderen bizarren sexuellen Inszenierungen und können vermutlich auch therapeutisch damit besser umgehen als in früheren Jahren. Wir haben mehr Blick für die Rolle der Aggression im Liebesleben und der alltäglichen Pathologie dieses Liebeslebens.

Wenn man nun aber Stollers Zugang zu dem Problem der Perversion mit dem Zugang Freuds vergleicht, dann kann man noch etwas Weiteres sehen, was für die neuere Psychoanalyse von ganz besonderer Bedeutung ist. Während Freud ganz auf den sexuell-erotischen Anteil des perversen Symptoms konzentriert war, scheint Stoller fast nur mehr von Aggression und narzißtischem Triumph zu sprechen. Haben wir es mit zwei verschiedenen Arten von Perversion zu tun oder nur mit zwei verschiedenen Trieben – nämlich Libido und Aggression, die hier betrachtet werden? Möglicherweise sind beide Antworten richtig.

Es gibt Anhaltspunkte dafür, daß man heute auch außerhalb der Analyse Perversion ganz anders abgrenzt als zu Freuds Zeiten, was am Beispiel der Paraphilie-Definition im DSM-IV deutlich wird:

»Immer wiederkehrende, intensiv sexuell erregende Phantasien, Drangzustände oder Verhaltensweisen die

1.   leblose Objekte
2.   Leiden oder Erniedrigung des Betroffenen oder seines Partners,
3.   Kinder oder andere nicht einwilligende Personen betreffen.«

Das »Beziehungsfeindliche« ist in dieser Definition deutlich in den Vordergrund gerückt. Wenn man hinter dieser oberflächlich symptomatischen Beschreibung nach psychischer Struktur sucht, dann bietet es sich an, einer Perversion, wie sie Freud beschrieb, eine Paraphilie gegenüberzustellen, wie sie heute diagnostiziert wird und wie sie wesentlich häufiger und weitgehender etwas mit Aggression, Spaltung und Verleugnung auch außerhalb der Sexualität zu tun hat. Diese Zweiteilung reflektiert gleichzeitig das häufige Vorkommen von Borderline-Störungen in unserer Zeit.

Tabelle 2: Perversion/Paraphilie

Perversion	Paraphilie
Persönlichkeitsstruktur:	
neurotisch	borderline
»*eigentlicher Wunsch*«:	
verdrängt,	abgespalten,
verschwindet hinter	besteht oft
deviantem Ritual	neben fast
	unauffälliger
	Sexualität
Beziehungsstruktur:	
Empathie und	manipulativ,
Rücksichtsfähigkeit	Kampf gegen
erhalten,	Abhängigkeit,
Wunsch, perverses Ritual	Kampf und Flucht
in Beziehung zu	
integrieren,	
»ganze Objekte«	»Partialobjekte«
Symptombildung:	
zwanghaft,	suchtartig,
ritualisiert	impulsiv
Triebgleichgewicht:	
Aggression	Libido
im Dienst	im Dienst
der Libido	der Aggression

Literatur

Fenichel, O. (1945): The Psychoanalytic Theory of Neurosis. New York.

Freud, S. (1926): Hemmung, Symptom und Angst. GW XIV. Frankfurt a. M., 1952, S. 111–205.

Freud, S. (1927): Fetischismus. GW XIV. Frankfurt a. M., 1952, S. 311–317.

Freud, S. (1938): Die Ich-Spaltung im Abwehrvorgang. GW XVII. Frankfurt a. M., 1952, S. 57–62.

Gillespie, W. H. (1956): The general theory of sexual perversion. Int. J. Psychoanal. 37: 396–410

Jacobson, E. (1971): Depression. New York.

Khan, M. R. (1983): Entfremdung bei Perversionen. Frankfurt.

Klein M. (1972): Das Seelenleben des Kleinkindes und andere Beiträge zur Psychoanalyse. Reinbek.

Reiche, R. (1996): Psychoanalytische Therapie sexueller Perversionen. In: Sigusch, V. (Hg.), Sexuelle Störungen und ihre Behandlung. Stuttgart/New York, S. 241–266.

Ressler, R. K.; Burgess, A. W.; Douglas, J. E. (1988): Sexual homicide. Patterns and motives. New York.

Stoller, R. J. (1973): The male transsexual as »experiment«. Int. J. Psychoanal. 54.

Stoller, R. J. (1975): Perversion. The erotic form of hatred. New York.

Stoller, R. (1979): Sexual Excitement. New York.

Winnicott, D. W. (1951): Übergangsobjekte und Übergangsphänomene. In: Winnicott, D. W. (Hg.), Von der Kinderheilkunde zur Psychoanalyse. München, 1976.

—— **Karl Mätzler**

Schnelle Reparatur oder ausführliche Durcharbeitung?

Über grundsätzliche Schwierigkeiten bei der Behandlung sexueller Störungen

Wenn man sich als Psychoanalytiker mit der Behandlung sexueller Störungen befaßt, wird man mit einem eigenartigen Phänomen konfrontiert: Auf der einen Seite kommt der Sexualität im psychoanalytischen Verständnis der Persönlichkeit eine ganz zentrale Bedeutung zu, auf der anderen Seite manifestiert sich diese Bedeutung nicht entsprechend in der Beschäftigung mit den Erscheinungsweisen der Sexualität, wie sie uns in Form von sexuellen Verhaltensweisen, sogenannten sexuellen Störungen, oder auch in den radikalen Veränderungen des öffentlichen Umgangs mit sexuellen Themen gegenübertreten. Auch die Tatsache, daß die Salzburger Sexualberatungsstelle, in der ich arbeite, meines Wissens die einzige Einrichtung dieser Art mit explizit psychoanalytischer Ausrichtung im deutschen Sprachraum ist, dürfte auf diesem Hintergrund ein erklärungsbedürftiger Sachverhalt sein. Die Arbeit an dieser Stelle hat mich im Laufe der Zeit für einige Fragen besonders sensibilisiert und natürlich einige Erfahrungen mit sich gebracht, über die ich im folgenden berichten möchte.

—— Die Sexualität hat offenbar in der etablierten Psychoanalyse zunehmend ihren zentralen Stellenwert verloren. *Paul Parin* hat schon 1986 festgestellt: »In kaum einer klinischen Arbeit und in kaum einer der neueren theoretischen Schriften ist vom subversiven Potential, von der lustbereitenden und die gesellschaftlichen Konventionen sprengenden Kraft der sexuellen Triebe mehr die Rede.« Die von Parin geprägte »Verflüchtigung des Sexuellen«[1] ist seither beinahe zu einem geflügelten Wort geworden. Er unterscheidet dabei in Anschluß an *Fritz Morgenthaler* zwischen dem Sexuellen als ungerichteter Triebkraft und der organisierten Sexualität. Das Sexuelle als Triebkraft und emanzipatorisches Potential habe sich aus der Psychoanalyse verflüchtigt, und die Sexualität sei als psychohygienisch nützliche und beziehungsstiftende Tätigkeit aus dem analytischen Prozeß entlassen worden. In unserer Arbeit fanden wir für diese These genügend Bestätigung. Auf der Suche nach spezifisch psychoanalytischer Literatur zu Genese und Behandlungstechnik sexueller Störungen war die magere Ausbeute für uns sehr enttäuschend. Lediglich bei den klassischen Autoren finden sich Themen wie Impotenz, Ejaculatio praecox mit verläßlicher Regelmäßigkeit. Schon eine kurze Überprüfung der Stichwortverzeichnisse moderner Standardwerke zur psychoanalytischen Krankheitslehre ergibt ein fast völliges Fehlen eines Terminus wie Ejaculatio praecox. Nun könnte man meinen, die Psychoanalyse habe dazu nichts Neues mehr zu sagen. Aber in unserer Beratungspraxis sind wir gar nicht so selten mit Patienten konfrontiert, die von ihren Therapeuten und auch Psychoanalytikern zu uns geschickt werden, um ihr Sexualproblem gesondert von einem Spezialisten behandeln zu lassen. Wenn Parin feststellt, daß die Sexualität aus dem psychoanalytischen Prozeß entlassen worden sei, so könnte das so verstanden werden, daß Sexualität und sexuelle Probleme von Psychoanalytikern deshalb ausgelagert werden können, weil sie das Reden über Sexualität und deren körperlichen Zonen nicht für wichtig erachten, sondern lediglich die Bearbeitung der dazugehörenden Objektbeziehungen, so als ob das eine mit dem anderen nichts zu tun hätte.

---

1 So hat z. B. Lilli Gast ihrem Buch »Libido und Narzißmus« (1992) den programmatischen Untertitel »Vom Verlust des Sexuellen im psychoanalytischen Diskurs« gegeben.

—— Unter den Therapeuten, die sich mit der Behandlung von Sexualstörungen befassen, sind psychoanalytisch arbeitende »Sexualberater« eher die Ausnahme. Hier dominieren in erster Linie verhaltenstherapeutisch orientierte »Sexualtherapeuten« das Feld, deren Behandlunskonzepte auf großes Interesse stoßen. Anfang der 80er Jahre hat *André Béjin* den »Niedergang der Psychoanalytiker« und den »Aufstieg der Sexologen« analysiert: »In dem Maße, wie die Psychoanalyse auf dem ›Markt der Sexualtherapien‹ in Bedrängnis geraten ist, sieht sie sich gezwungen, ihr Augenmerk auf den ›Identitätsmarkt‹ ... zu richten, genauer: auf den Markt der identitätsbezogenen Therapien« (1986, S. 243). Die Psychoanalytiker hätten wenig Interesse für die Affekte aufgebracht und ihre Aufmerksamkeit statt dessen auf die Vorstellungswelt gerichtet. »Auf diese Weise haben sie sich selbst eines Hilfsmittels von unbestreitbarer Wirksamkeit beraubt: der Techniken der ›Entspannung‹ (um mit den Behavioristen zu sprechen) und des Abbaus der ›muskulären Panzerung‹ (im Sinne Reichs)«. Andererseits zeigt Béjin die Kontrollfunktion der »Sexualtherapeuten« auf, die sich ganz von der »perversen« Lust abwenden, auf Lustunfähigkeit und Dysfunktionalität konzentrieren und damit von einer bestimmten Definition »sexueller Gesundheit« ausgehen würden (S. 241).

—— Viele Menschen, die Abhilfe für ihre sexuellen Probleme suchen, konfrontieren die »Profis« der Sexualität mit dem unmißverständlichen Wunsch, ihre Symptome möglichst sofort und ohne großen Aufwand zu beseitigen. Und das heißt insbesondere ohne eine Auseinandersetzung mit dem psychischen Hintergrund der Problematik. Ein solch kompromißloser Anspruch, verbunden mit der impliziten Drohung, andernfalls auf die professionelle Hilfe zu verzichten und damit den Therapeuten für unfähig zu erklären, stellt einen psychoanalytisch denkenden und handelnden Menschen vor eine schwere Aufgabe. Auf der einen Seite hat er vor seiner Kollegenschaft einen Ruf zu verteidigen, was ihm um so schwerer erscheint, je erfolgversprechender, das heißt mit immer kürzeren Stundenanzahlen, die Angebote der verhaltenstherapeutisch orientierten Kollegen klingen. Auf der anderen Seite kommt aber für sehr viele der Ratsuchenden aufgrund ihrer schweren strukturellen Defizite und/oder Traumatisierungen eine solche kurztherapeutische Vorgehensweise nicht in Frage.

—   Die Arbeit mit jenen Menschen, die unsere Beratungsstelle mit den sogenannten klassischen Sexualstörungen aufsuchen, machen nur einen Teil unserer Arbeit aus. Mindestens genauso oft, oder in letzter Zeit sogar häufiger, kommen Menschen mit unterschiedlichsten Schwierigkeiten, die mehr oder weniger mit Sexualität in Zusammenhang stehen und die auch nicht diesen spezifischen Drang nach einer schnellen Lösung haben. Geschlechtsidentität, Transsexualismus, sexuelle Orientierung, sexueller Mißbrauch, Sexualdelinquenz sind Probleme, die in letzter Zeit auch öffentlich zunehmend an Aufmerksamkeit gewonnen haben. Allein aus der Tatsache heraus, daß die Arbeit unter dem Schild »Sexualität« derart vielfältig ist, war es für uns immer schwer nachvollziehbar, aufgrund welcher Kriterien es sinnvollerweise eine spezielle »Sexualtherapie« geben könnte.

Ich möchte nun diese Erfahrungen einer genaueren Reflexion unterziehen.

Sexuelle Störungen sind Symptome und keine Diagnosen

Im Zuge der Installierung des österreichischen Psychotherapiegesetzes und der damit verbundenen Verschulung der Psychotherapie gab es im Jahr 1994 Bestrebungen von verhaltenstherapeutisch orientierten »Sexualtherapeuten«, daß sexuelle Störungen ausschließlich von solchen Psychotherapeuten behandeln werden dürften, die über eine sexualtherapeutische Zusatzausbildung verfügen. Solche berufspolitischen Manöver sollen vordergründig natürlich der vielzitierten »Qualitäts-sicherung« zum Schutz des Konsumenten dienen. Tatsächlich geht es hier jedoch um ökonomische Marktinteressen. An diesem Beispiel sehen wir eine weitverbreitete Tendenz. Die Abspaltung des Symptoms von der Gesamtpersönlichkeit, mit der uns diese Patienten konfrontieren, wird auf der professionellen Ebene übernommen und durch ein spezielles »sexualtherapeutisches« Setting in seiner Abwehrstruktur verstärkt. Das Symptom wird zur Krankheit selbst gemacht, und es wird so getan, als ob jedem äußerlich identischen Symptom derselbe Konflikt zugrunde läge und deshalb auch eine einheitliche Behandlungstechnik möglich wäre. Tatsächlich zeigt die Erfahrung jedoch, daß bestimmte Konstellationen zwar häufig auftreten und sehr ähnlich sind, daß die Mängel der psychischen Struktur aber sehr unterschiedlich sein können.

Schließlich setzt sich dieses Vorgehen der Abspaltung der Sexualität auch auf berufspolitischer Ebene in der Forderung nach einer Art »Fachpsychotherapeuten« für sexuelle Störungen fort. Solche Entwicklungen sind auch ein Ergebnis der erwähnten »Verflüchtigung des Sexuellen«, die nicht nur in der Psychoanalyse eine Rolle spielt. In anderen Psychotherapierichtungen spielt die Sexualität, wenn überhaupt, nur eine untergeordnete oder funktionalisierte Rolle.

Daraus schließe ich, daß es keine allgemeingültige, spezielle Sexualtherapie für bestimmte sexuelle Störungen geben kann, sondern bestenfalls technische Besonderheiten in der Behandlung.

Therapeutische Technik als Gegenübertragungsantwort

Besonders deutlich zeigt sich die Forderung nach schneller Lösung bei Männern mit frühzeitigem Samenerguß. Ich möchte daher am Beispiel dieses Symptoms einige grundsätzliche Probleme aufzeigen. Meist verlangen solche Männer schon beim telefonischen Erstkontakt eine schnelle Lösung in Form einer Übung, eines Tricks, einer Spritze oder eines Medikaments. Enttäuscht, daß dies nicht möglich ist, sind sie meist nicht dazu in der Lage, trotzdem ein Gespräch zu vereinbaren. Jene, die schließlich doch zum Termin erscheinen, stehen mit verblüffender Häufigkeit auffallend »zu früh« vor der Tür. Jene Ausnahmen, die sich überhaupt auf eine therapeutische Arbeit einlassen, werden innerhalb kürzester Zeit äußerst unzufrieden, weil ihnen die Therapie nicht schnell genug geht. Dazu der bezeichnende Traum eines Mannes, der seine Therapie gerade begonnen hat:

»Ich fahre in einem Sportwagen eine steile Straße hinunter und werde immer schneller. Ich versuche zu bremsen, aber die Bremsen funktionieren nicht. Dann bin ich in einer Autowerkstatt, um meinen Wagen reparieren zu lassen. Als Ersatz bekomme ich ein klappriges kleines Auto zur Verfügung gestellt. Ich bin damit gar nicht zufrieden.«

Der Patient, der »zu schnell« unterwegs ist, kommt in die »Werkstatt« des Sexualtherapeuten, um sich reparieren zu lassen. Mit der Therapie, die er bis zur Reparatur durchlaufen muß, ist er offenbar gar nicht zufrieden, sie erscheint ihm ungenügend und viel zu langsam. Ein schlechter Ersatz für die große Lust an der Schnelligkeit.

Dazu paßt auch folgendes Ereignis in unserer Beratungsstelle: Vor einigen Jahren hatte Gerti Senger als Sexualberaterin der Kronenzeitung[2] in einer Anfragebeantwortung zu Ejaculatio praecox unsere Telefonnummer angegeben. In den darauffolgenden Tagen wurden wir von etwa 50 Anrufern bestürmt, die alle eine möglichst schnelle Lösung verlangten. Zu einem großen Teil waren sich Wortlaut und Stimmduktus

---

2 Gerti Senger gilt als Österreichs begehrteste Ratgeberin in Sexualfragen. In der auflagenstärksten Boulevardtageszeitung »Krone« betreibt sie eine regelmäßige Anfragebeantwortung und beglückt die österreichische Bevölkerung neuerdings in einer Fernseh-Talk-Show, die Assoziationen an ein Fitneßcenter für Sexualität weckt, in dem die »Sexualmuskulatur« lediglich entsprechend trainiert werden muß, um zur Erfüllung zu gelangen.

dermaßen ähnlich, daß man den Eindruck haben konnte, es handle sich um immer denselben Anrufer. Schnell und hastig wurde nach einem Trick, einer Übung oder einer Spritze gefragt. Genauso schnell wurde auch enttäuscht wieder aufgelegt, wenn dieser Wunsch nicht befriedigt werden konnte. Bei uns lösten diese Anrufer einen ziemlichen Unmut aus, der sich sicher nicht förderlich auf die Gesprächsmotivation der Ratsuchenden ausgewirkt hat. Schon hier zeigt sich in der Gegenübertragung die enorme Bedeutung der Aggressionsproblematik bei solchen Patienten. So kam von diesen rund 50 Anrufern auch lediglich ein einziger zu einem Gespräch in die Beratungsstelle. Er stand eine Viertelstunde zu früh vor der Tür und sprach so schnell, daß ich ihn kaum verstehen konnte. Er war etwa 45 Jahre alt und von Beruf Verkäufer bei einer großen Handelskette. Als solcher mußte er als »Einspringer« dauernd woanders arbeiten und hatte einen fürchterlichen Streß. Er mußte alles schnell, schnell erledigen. Das hatte bereits dazu geführt, daß er aufgrund von Herzbeschwerden und Blutdruckproblemen auf Kur geschickt wurde und der behandelnde Arzt ihn eindringlichst vor einem drohenden Herzinfarkt gewarnt hatte. Zusätzlich litt er unter Schlafstörungen und konnte sich überhaupt nur sehr schwer entspannen. Er kam in Abständen von einigen Monaten ein paarmal zu mir, wollte auch eine Therapie beginnen, war aber letztlich nicht dazu in der Lage, in seinem hektischen Leben einmal wöchentlich einen Fixpunkt der Entspannung und Reflexion bei mir zu finden.

Aus solchen zahlreichen Erfahrungen heraus möchte ich die These aufstellen, daß die allermeisten Männer mit frühzeitigem Samenerguß gar nie in eine Beratungsstelle oder zu Psychotherapeuten beziehungsweise Sexualtherapeuten kommen und deshalb auch keiner psychotherapeutischen Arbeit, egal welcher methodischen Ausrichtung, zugänglich sind. Daran schließt sich eine weitere Vermutung an, nämlich daß sich die meisten berichteten Behandlungserfolge lediglich auf einen sehr kleinen, diagnostisch eng zu begrenzenden

Kreis von Patienten beziehen. Bei einer deutlichen Indikationsstellung nach klaren diagnostischen Kriterien lassen sich auch tatsächlich gute therapeutische Erfolge erzielen (vgl. Benz und Ausländer 1979). Ich vermute weiter, daß das weniger eine Frage der Methode (Verhaltenstherapie oder Psychoanalyse) als vielmehr eine Frage der strukturellen Defizite ist. Es läßt sich also aus dem Symptom weder schließen, daß es sich grundsätzlich um eine einfach zu behandelnde Störung handelt, wie das in der Verhaltenstherapie geschieht, noch läßt sich daraus schließen, daß es sich grundsätzlich um eine schwere Charakterstörung handelt. Wie wir jedoch bereits an dem beschriebenen Fall in all seiner Kürze sehen können, und wie wir aufgrund der Erfahrungen annehmen müssen, ist Ejaculatio praecox ein wesentlich häufiger vorkommendes Problem, als es die Zahl der Ratsuchenden vermuten lassen würde. Dessen Behandlung dürfte nur in Ausnahmefällen im Rahmen einer Kurztherapie möglich sein. Noch deutlicher gesagt, handelt es sich in den meisten Fällen um Menschen, die mit bekannten psychotherapeutischen Methoden gar nicht erreichbar sind. Wie dieser Umstand möglicherweise zu erklären ist, darauf werde ich später noch zu sprechen kommen.

Wir können also die modernen sexualtherapeutischen Techniken der möglichst raschen Beseitigung des Symptoms als eine *Gegenübertragungsantwort* auf dieses Bedürfnis nach schneller Reparatur verstehen. In einer Gesellschaft, in der die sexuelle Leistungsfähigkeit von großer Wichtigkeit ist, unterliegen offenbar auch Psychotherapeuten diesem Erfolgsdruck und reproduzieren so die gesellschaftliche Norm in der Art ihrer Technik. Auch berufspolitisch wird der Druck immer größer, möglichst kurze und kostengünstige Techniken zu entwickeln, womit sich das Leiden des Patienten dem Faktor Geld unterordnen muß. So wird Heilung beziehungsweise Beseitigung der »Störung« lediglich als Problem der richtigen »Technik« gesehen. Es wird suggeriert, daß mit einer entsprechenden Technik alles machbar sei. Dies entspricht in frappierender Weise dem Größenwahn der medizinischen »Erektiologen«, die sexuelle Funktionsstörungen zur reinen Frage medizinischer Technik reduzieren (vgl. Zamel 1994).

Schließlich besteht auf seiten von Psychoanalytikern die Gegenübertragungsantwort offenbar darin, dem großen Druck solcher Patienten aus dem Weg zu gehen. Der Grund dafür könnte auch in den technischen und emotionalen Schwierigkeiten liegen, die solche Patienten mit sich bringen. Der starke Wunsch nach schneller Lösung als auch die manchmal enorme und rasch aktivierte Aggression stellen für einen auf die »Gemächlichkeit« der freien Assoziation und auf die passiv-abstinente Haltung eingestellten Psychoanalytiker eine enorme Herausforderung dar, die auch durchaus die Sicherheit des beruflichen Selbstverständnisses in Frage stellen kann. Sowohl die Zurückgezogenheit vieler Psychoanalytiker auf die klassische Technik, als auch eine vielleicht geringe emotionale Beweglichkeit, sich spontan auf verdichtete Übertragungsfelder im »erweiterten Setting« einzulassen, können als Ausdruck der Verflüchtigung des Sexuellen aus den Psychoanalytikern selbst verstanden werden. Das könnte mit dazu beigetragen haben, daß es sehr wenig spezifische psychoanalytische Literatur über sexuelle Störungen gibt. Wir sind also auf diesem Gebiet nach wie vor fast ausschließlich auf die Arbeiten der frühen Psychoanalytiker angewiesen. Die Arbeit von Karl Abraham über Ejaculatio praecox (1917), um nur ein Beispiel zu nennen, ist nach wie vor ein unerreichter Klassiker. So stellt sich heute noch immer die Aufgabe nach einer systematischen Erarbeitung der Genese sexueller Symptome.

Sexuelle Symptome als Störungen der Geschlechtsidentität

Wie notwendig eine solche Erarbeitung der Genese sexueller Symptome wäre, zeigt sich beispielsweise daran, wie in der neuen Ausgabe des von *Volkmar Sigusch* herausgegebenen Standardwerks über »Sexuelle Störungen und ihre Behandlung« (1996) im Kapitel über psychoanalytische Sichtweisen der frühzeitige Samenerguß abgehandelt wird: »Die von Abraham (1917) angenommene Fixierung an urethrale Erotik, durch die der Samen wie der Urin entleert und die Sexualpartnerin beschmutzt wird, fand keine Bestätigung« (Becker 1996, S. 175). Angesichts der kaum existierenden Literatur erscheint mir diese lapidare Feststellung jedoch als sehr gewagt. Die fehlende Literatur könnte vielmehr ein Hinweis darauf sein, daß Psychoanalytiker heutzutage diese Problematik entweder nicht mehr gesondert reflektieren oder kaum mehr mit solchen Patienten zu tun haben. Warum das so sein könnte, dazu gibt *Johannes Cremerius* einen Hinweis. Er schreibt, daß die passive Form der urethralen Erotik eigentlich bis heute nicht hinreichend rezipiert worden sei, daß die Beziehung zwischen urethralen und phallischen Merkmalen nicht geklärt sei. Er betont den Abwehrcharakter und die hohe lustvolle Besetzung.

»Die Therapie der urethralen Passivität als Perversion ist wenig erfolgversprechend … Dabei stellen sich die Tendenz, den Lustgewinn aus der Passivität festhalten zu wollen, wie die Konfrontation mit der bisher erfolgreich abgewehrten Angst unserem Unternehmen entgegen. Auch die Bearbeitung der anderen Abwehrbedeutung des passiv-urethralen Komplexes ist äußerst schwierig. Die Annäherung an die unbewußten phallisch-destruktiven Impulse aktiviert sofort die Kastrationsangst, weil im Symptom (Ejaculatio praecox) dieser passiv-urethralen Triebform der Sadismus ungemein erfolgreich gelebt werden kann –, fließt dem therapeutischen Prozeß von dort her, d. i. vom Leidensdruck, keine Energie zu« (Cremerius 1990, S. 75).

Die große Schwierigkeit in der Arbeit mit solchen Patienten beziehungsweise der Grund, warum sie sich gar nicht erst darauf einlassen, dürfte also einerseits am großen Lustgewinn und andererseits an der Bedrohlichkeit der destruktiven Impulse liegen. Beides ist auch in dem vorhin erwähnten Traum enthalten: die Lust an der schnellen Fortbewegung mit dem Auto und die Aggression auf das untaugliche Ersatzmittel. Schließlich ist bei Cremerius noch bemerkenswert, daß er zwischen dem Symptom und der dahinterliegenden Triebform (passiv-urethral) unterscheidet. Als solche kann sie nämlich auch durchaus als Perversion Gestalt annehmen. Und das eröffnet uns eine andere Sichtweise. Ejaculatio praecox kann also nicht nur als neurotische Struktur der Abwehr aggressiver Komponenten dienen, sondern bei entsprechender Intensität des Lustaspekts auch eine primär perverse Struktur zum Hintergrund haben. Daraus ergeben sich sehr unterschiedliche Vorgaben für die Behandlungstechnik; denn die Analyse der Passivität als Abwehr der Kastrationsangst wird durch die Fixierung an und den enormen Lustgewinn aus der Passivität stark erschwert. Schließlich können wir auch bezüglich der Genese weitere interessante Überlegungen anstellen.

Die lustvolle Fixierung auf das »Laufenlassen« beim »sich selbst und die Mutter mit Urin benässen«, als regressiver Wunsch, dient also dazu, die Kastrationsgefahr zu verleugnen. Der hohe Lustgewinn und die starke Fixierung wiederum sind ein Hinweis auf große Verlustängste, die nur durch ein Gefühl der Nähe und Verbundenheit im Zaum gehalten werden können. Dieses Gefühl wird immer wieder durch die »Überschwemmung der Mutter« beziehungsweise durch die Beruhigung der Hautoberfläche mit warmem Wasser erreicht. So wurde bislang nicht nur der Beziehung von urethralen und phallischen Merkmalen zu wenig Beachtung geschenkt, sondern ebenso der Beziehung des urethralen Triebgeschehens zu frühen Verschmelzungswünschen. Auch die Bedeutung des Vaters, nicht nur in der ödipalen Phase, konnte nicht genügend Aufmerksamkeit finden. Sowohl die Passivität als auch die Verleugnung der Kastrationsgefahr, die sich im »Laufenlassen« ausdrückt, sind ein Hinweis auf weibliche Identifizierungen einerseits, auf die Vermeidung der Konfrontation mit dem Vater andererseits und damit auf eine Unsicherheit der Geschlechtsidentität. Das Pendant einer solchen engen Mutterbindung ist natürlich auf der anderen Seite ein physisch oder psychisch abwesender oder schwacher Vater, der wenig Beziehung zu seinem Sohn aufbauen konnte.

Was ich nun am Beispiel der Ejacualtio praecox in aller Kürze zu zeigen versucht habe, läßt sich in mehr oder weniger abgewandelter Form als typische Konstellation auch bei anderen männlichen Sexualstörungen wie Impotenz, Empfindungslosigkeit oder Angst vor Geschlechtsverkehr beobachten.

Freud und seine Zeitgenossen führten Potenzstörungen noch vornehmlich auf Kastrationsängste, verbunden mit inzestuösen Phantasien während der ödipalen Phase zurück. Später wurde schließlich die Bedeutung früher Ängste in Verbindung mit der Konstitution von Geschlechtsidentität in präödipalen Phasen für die Entstehung von Potenzstörungen betont. So können diese auch als Abwehrleistungen gegen eine existentielle Bedrohung verstanden werden, die eine Gefährdung der Unversehrtheit des ganzen Körpers betrifft, welche beim Eindringen sowohl im körperlichen als auch psychischen Sinne drohen kann. So, wie der impotente Mann fürchten muß, sich nicht mehr unversehrt und ganz trennen zu können, sondern dabei vernichtet zu werden, muß der Mann mit Ejaculatio praecox die Kastrations- und Vernichtungsgefahr durch ein passives Sichaufgeben verleugnen.

Die Notwendigkeit einer systematischen Erarbeitung der Genese sexueller Symptome, bedeutet demnach, den präödipalen Verlauf der Triebschicksale und deren ödipalen Verarbeitung in engem Zusammenhang mit der Entwicklung der Geschlechtsidentität nachzuzeichnen. Mit großer Regelmäßigkeit stoßen wir hier auf die bislang enorm unterschätzte Bedeutung des »abwesenden« Vaters, der also nicht nur in der Genese des sexuellen Symptoms eine »abwesende« Rolle spielt, sondern ebenso in der psychoanalytischen Theoriebildung.

Zur psychoanalytischen Behandlung von Sexualstörungen

Mir erscheint es wichtig, auch in der Anwendung kurzthera-
peutischer Konzepte grundsätzlich offen dafür zu bleiben, den
Patienten den Einstieg in einen länger dauernden Prozeß zu ermöglichen, der die Bewußtmachung krank machender inner-
psychischer Strukturen und äußerer Lebensumstände zum
Inhalt hat und nicht einem von der Konsumindustrie vorgegebenen Ideal funktionierender Sexualitätsstandards nacheifert.
Das erfordert allerdings auch die Befähigung des Therapeuten, sich selbst auf einen solchen Prozeß einlassen zu können.
In der Psychoanalyse gelten zwar Übertragung und Gegenübertragung als zentrale Parameter der Behandlungstechnik,
aber offenbar mangelt es vielen Psychoanalytikern an der
Fähigkeit, diese, vor allem auch außerhalb des klassischen Settings, tatsächlich einzusetzen. So spricht zum Beispiel Mecht-
hild Krüger-Zeul (1983) vom Stiefkinddasein der Gegenübertragung in der Psychoanalyse. Auch das Thema der Sexualität
in der Gegenübertragung wurde erst in letzter Zeit enttabui-
siert (vgl. Poluda-Korte). Dazu kommt, daß wir in der Psychoanalyse keineswegs von einem einheitlichen Verständnis der
Bedeutung von Übertragung und Gegenübertragung sprechen
können. Hier liegt meines Erachtens die Aufgabe für eine psychoanalytische Technik der Behandlung von Sexualstörungen:
die Analyse bestimmter, symptomspezifischer Übertragungs-
und Gegenübertragungskonstellationen die dem Patienten
den Einstieg in einen Beziehungsprozeß ermöglichen soll.

Sehr oft wird davon ausgegangen, daß Kurztherapien
und insbesondere Ansätze, die sich verhaltenstherapeutische
Techniken zunutze machen, grundsätzlich erfolgreicher und
zielführender seien. Damit wird der Prozeß, der durch jede
Therapie eingeleitet wird, bereits sehr stark vorstrukturiert.
Dem Patienten wird dadurch tendenziell die Möglichkeit genommen, diesen Prozeß entsprechend seiner Problematik entstehen lassen zu können. Das heißt auch, daß eine neue, andere

Beziehungserfahrung, die nicht auf den Fokus Sexualität beschränkt bleibt und die damit nicht in erster Linie die Beseitigung des Symptoms im Auge hat, verhindert wird. So halte ich etwa die Bearbeitung der Aggressionsproblematik von Patienten mit Erektionsstörungen für äußerst bedeutsam. Dabei muß die Therapie es ermöglichen können, die Aggression gegenüber dem »unfähigen« Therapeuten, der das Symptom nicht schnell genug beseitigen kann, zu thematisieren, verständlich und vor allem aushaltbar zu machen und damit die Angst vor den Konsequenzen und der Zerstörungskraft der eigenen Wut zu mildern. Auf der einen Seite steht der Mann, der seine aggressiven Anteile nur im Symptom äußern kann, und auf der anderen Seite der Therapeut, der die Aggression des unzufriedenen Patienten fürchtet, wenn nach zehn Stunden kein Erfolg sichtbar wird. Dieser zweifelt schließlich aufgrund der Entwertung des Patienten an seiner eigenen beruflichen Potenz, richtet die eigene Aggression auf den entwertenden Patienten gegen sich selbst und findet einen Ausweg nur in einer Technik der »schnellen« Lösung. In der Beziehung des Patienten zu seiner Partnerin, als auch in der Beziehung des Patienten zum Therapeuten, wird auf diese Weise die Auseinandersetzung mit der Aggression und deren Bedeutung für die Beziehung leicht ausgeklammert. Demgegenüber halte ich es aber für notwendig, daß der Therapeut dem Patienten diese Aggression, die in der Entwertung zum Ausdruck kommt, ermöglicht, um sie in der Übertragung einer Deutung zugänglich zu machen. Indem eine kurztherapeutische Technik dies verhindert, entsteht eine unglückselige Mesalliance. So gesehen sind »Erfolge« bei Kurztherapien sicherlich auch oft im Dienst der Aggressionsvermeidung zu sehen.

Freilich kann ein solcher Ansatz, in der die unbewußte Beziehungsdynamik im Mittelpunkt steht, kaum auf spektakuläre Erfolge im Sinne einer raschen Symptombeseitigung verweisen. Da das Symptom eine ganz bestimmte Funktion im Übertragungsgeschehen einnimmt, kann es durchaus auch lange dauern, bis diese Funktion einer Deutung zugänglich wird. So kann bei einer Therapie ohne Symptombeseitigung, die als Mißerfolg oder Versagen des Therapeuten interpretiert wird, auch durchaus von einer Aggression des Therapeuten gegenüber dem Patienten gesprochen werden. Indem die Leistung einer partiellen Veränderungserfahrung in einem bestimmten Lebensabschnitt entwertet wird, unterliegt der Therapeut weiterhin dem Wiederholungszwang im Übertragungsgeschehen, der die entwicklungsspezifisch möglichen Leistungen ständig als ungenügend abqualifizieren muß. Auf der anderen Seite bahnt sich hier wiederum der sexuelle Leistungszwang unserer Gesellschaft seinen Weg.

Die Verflüchtigung des Sexuellen aus Psychoanalyse und Sexualtherapie

Ich komme nun zurück auf die eingangs erwähnten Beobachtungen über die Verflüchtigung des Sexuellen aus der Psychoanalyse und den Aufstieg der Sexualtherapie. Dazu möchte ich mit einer von *Otto Fenichel* geäußerten Kritik an den Neofreudianern beginnen:

»Statt die Wechselbeziehungen zwischen erotischen Zonen und Objektbeziehungen zu untersuchen, denken Fromm und die anderen Neofreudianer sie statisch und sind der Meinung, daß die Einsicht in die Rolle der Objektbeziehungen der Bedeutung der erotischen Zonen widerspricht« (Fromm 1944, S. 150, zitiert nach Jacoby 1986).

Diese Kritik Fenichels besitzt in mehrfacher Hinsicht Aktualität. Nicht nur die Neopsychoanalyse, sondern ebenso wesentliche Strömungen der modernen Psychoanalyse haben die Rolle der Objektbeziehungen in den Vordergrund gestellt, die Bedeutung der sexuellen (oder bei Fenichel, erotischen) Zonen auf beziehungsstiftende Funktionen reduziert und damit die zentrale Stellung des Lust-Unlust-Prinzips über Bord geworfen. Damit einhergehend oder dem vorausgehend, fand zwangsläufig eine Säuberung des Übertragungs-

und Gegenübertragungsgeschehens vom Sexuellen statt. Denn wenn das Sexuelle aus der Theorie entfernt werden muß, so kann das nur der Abwehr des triebhaften Geschehens im psychoanalytischen Prozeß dienen. Da sich das Sexuelle jedoch nie an sich, sondern immer in Wechselwirkung mit der äußeren Realität zeigt beziehungsweise entlang dieser Wechselwirkung erst in Bewegung gerät, ist es nicht losgelöst von der organisierten Sexualität und der Bedeutung der sexuellen Zonen denkbar. Wenn also das sexuelle, triebhafte Geschehen im psychoanalytischen Prozeß abgewehrt werden muß, so bedeutet das zwangsläufig, daß auch die Bedeutung der organisierten Sexualität in den Hintergrund treten muß. Das könnte eine Erklärung für die seltener gewordene Beschäftigung von Psychoanalytikern mit der Bedeutung und Symptomatologie sexueller Zonen und für das Verschwinden der spezifisch sexuellen Terminologie aus der psychoanalytischen Sprache sein.

Im Gegensatz dazu legen sexualtherapeutische Konzepte ein besonderes Augenmerk auf die Funktionsweise sexueller Zonen. Hier werden jedoch umgekehrt die objektbezogenen Bedeutungszusammenhänge vernachlässigt, da sich Sexualtherapien lediglich mit der organisierten Sexualität und ihren Störungen befassen und nicht mit dem triebhaften Geschehen; hier wird leicht die organisierte Sexualität mit dem Triebhaften gleichgesetzt. Die Sexualität wird schließlich, ähnlich wie in der Psychoanalyse, auf ihre beziehungsstiftende Funktion reduziert. Damit können wir auch im Bereich der Sexualtherapien durchaus von einem Fehlen des Sexuellen, Triebhaften sprechen. Das ist auch der Grund dafür, warum bei diesen Therapien sehr leicht der Eindruck eines Übergriffs entsteht oder die Interventionen wohl auch oft tatsächlich zum Übergriff werden können. Der im Hintergrund stehende Triebkonflikt, der sich im Symptom Ausdruck verschafft, kann und darf sich nicht im Übertragungsgeschehen entfalten, sondern muß sich den vorgegebenen Vorstellungen sexuellen Funktionierens unterordnen. Bei den »Hamburger Paartherapeuten«

werden solche Diskussionen, im Unterschied zu vielen Psychoanalytikern und Verhaltenstherapeuten, erfrischend selbstkritisch geführt. So hat *Gunter Schmidt* in diesem Zusammenhang eine Vorverlegung seiner Scham- und Peinlichkeitsgrenze im Laufe der Zeit konstatiert (vgl. Schmidt 1994, S. 48). Er bringt das mit der Aufrichtung von Geschlechtergrenzen im Behandlungszimmer und der Frage der Bedeutung gegengeschlechtlicher Interventionen in Sexualtherapien in Zusammenhang. Könnte die Aufrichtung von Geschlechtergrenzen und die offenbar zunehmende Sensibilität für die Schamgrenze nicht auch ein Hinweis für die zunehmende Bereitschaft von Therapeuten sein, dem konflikthaften Triebgeschehen, das hinter dem manifesten Sexualgeschehen verborgen ist, mehr Aufmerksamkeit zu schenken? Denn Scham und Peinlichkeit gelten nicht zwangsläufig dem Reden über Sexualität und sexuelle Zonen an sich, sondern vielmehr diesem verborgenen Bereich. Das Wahrnehmen dieses Peinlichen sowie dessen Bedeutung für die Abwehr ist jedoch erste Voraussetzung für das Finden eines Zugangs. Natürlich sind solche Vorgänge als Übertragungs- und Gegenübertragungsprozesse zu verstehen, an denen die Bedeutung des Sexuellen in der therapeutischen Beziehung sichtbar wird. Ob überhaupt und auf welche Weise solche Prozesse von Therapeuten wahrgenommen, reflektiert und als therapeutisches Mittel der Erkenntnis und Wirksamkeit eingesetzt werden, muß also als Indikator für den Stellenwert des Triebhaften in einer Therapie gelten können. Leider wird jedoch, auch in der Psychoanalyse, die Gegenübertragung nach wie vor oft als Störfaktor im therapeutischen Prozeß verstanden. Demgegenüber verstehe ich Gegenübertragung als Reaktion auf unbewußt triebhafte Übertragungen, die den Therapeuten über den Weg der Selbstanalyse zum besseren Verständnis des Unbewußten seines Patienten führt und damit seinen Deutungen den entsprechenden Inhalt gibt.[3]

3 Anna Koellreuter hat in Ihrer Arbeit »Das Tabu des Begehrens. Zur Verflüchtigung des Sexuellen in Theorie und Praxis der feministischen Psy-

Eine Verflüchtigung des Sexuellen läßt sich also nicht nur in einer moralisch gewendeten Psychoanalyse, sondern auch bei den Experten der Sexualtherapie finden. Die Frage ist nicht, ob Kurztherapien oder langfristige Durcharbeitungen besser oder schlechter sind, sondern vielmehr, inwiefern ein Psychoanalytiker oder Sexualtherapeut in der Lage ist, das Sexuelle als Triebkraft in der therapeutischen Beziehung zum Klingen zu bringen, und das heißt eben auch, ein Gespür für Übertragungs- und Gegenübertragungsprozesse zu haben und diese auch einsetzen zu können. Für das Entstehen eines solchen Übertragungsfelds bedarf es allerdings der grundsätzlichen Bereitschaft des Therapeuten, sich möglicherweise auf einen Prozeß einzulassen, dessen Verlauf und Ende nicht vorhersehbar ist.

Literatur

Abraham, K. (1917): Über Ejaculatio Praecox. In: Gesammelte Schriften Band I. Frankfurt a. M. 1982, S. 46–63.

Béjin, A. (1986): Niedergang der Psychoanalytiker, Aufstieg der Sexologen. In: Ariès, P.; Béjin, A. (Hg.), Die Masken des Begehrens und die Metamorphosen der Sinnlichkeit. Frankfurt a. M., S. 226–252.

Benz, A.; Ausländer, J. (1979): Analytisch orientierte Kurz-Psychotherapie der Impotenz und Ejaculatio präcox. Psyche 5: 395–406.

Becker, N. (1996): Psychogenese und psychoanalytische Therapie sexueller Störungen. In: Sigusch, V. (Hg.), Sexuelle Störungen und ihre Behandlung. Stuttgart/Göttingen, S. 175–179.

Cremerius, J. (1990): Der Patient spricht zu viel. In: Vom Handwerk des Psychoanalytikers. Band 1. Stuttgart, S. 55–76.

Fenichel, O. (1944): Remarks on Fromm's Escape from Freedom. In: The Psychoanalytic Review XXXI: 150.

choanalyse« (1997) deutlich gezeigt, daß ein fruchtbarer Übertragungs- und Gegenübertragunsprozeß nur möglich ist, wenn das Sexuelle oder Triebhafte nicht ausgegrenzt werden muß.

Gast, L. (1992): Libido und Narzißmus. Vom Verlust des Sexuellen im psychoanalytischen Diskurs. Tübingen.

Koellreuter, A. (1997): Das Tabu des Begehrens. Zur Verflüchtigung des Sexuellen in Theorie und Praxis der feministischen Psychoanalyse. Klagenfurt (unveröffentlichte Dissertation).

Krüger-Zeul, M. (1983): Gegenübertragung – ein Stiefkind der Psychoanalyse. In: Lohmann, H. M. (Hg.), Das Unbehagen in der Psychoanalyse. Frankfurt a. M., S. 71–85.

Jacoby, R. (1986): Psychoanalyse und Sexualität. In: Psychoanalytisches Seminar Zürich (Hg.), Sexualität. Frankfurt a. M., S. 115–132.

Parin, P. (1986): Die Verflüchtigung des Sexuellen in der Psychoanalyse. In: Psychoanalytisches Seminar Zürich (Hg.), Sexualität. Frankfurt a. M., S. 11–22.

Poluda-Korte, E. S. (1993): Sexualität in der Gegenübertragung. In: Zeitschrift für Sexualforschung 3: S. 189–199.

Schmidt, G. (1994): Die Potenz des Settings. In: Zeitschrift für Sexualforschung 1: S. 48.

Zamel, G. (1994): Wenn die Ohnmacht nicht mehr auszuhalten ist. Wie die Technik die (männliche) Sexualität retten soll. In: Zeitschrift für Sexualforschung 2: S. 142–150.

Sophinette Becker

Transsexuelle – die letzten (echten) Frauen und Männer?

Bei dem Thema »Transsexualität« geht es in besonderer Weise um den therapeutischen und gesellschaftlichen Umgang mit innerer und äußerer Realität, mit körperlicher Realität und um die soziale Konstruktion von Realität. Die historische Entwicklung des »medizinischen Projektes Transsexualität« (Hirschauer 1993) ist nicht mehr rückgängig zu machen: Medizin und Rechtsprechung haben sich auf den Geltungsanspruch der Transsexuellen eingelassen, sind ihrem Verlangen nach Geschlechtswechsel beziehungsweise Geschlechtsumwandlung (wenn auch mit Vorbehalten, Bedenken und entsprechenden »Hürden«) entgegengekommen. Dadurch haben Medizin und Rechtsprechung das transsexuelle Verlangen weitgehend unter ihre Kontrolle gebracht, nicht zuletzt im Interesse der Aufrechterhaltung der traditionellen Geschlechterordnung. Als Gegenleistung im Rahmen dieses »Deals« haben Transsexuelle (jedenfalls in Deutschland) den Status einer sozialen Minderheit erhalten (vgl. Sigusch 1992, S. 105ff.), »mit allen hiermit verbundenen Privilegien. Zu diesen Privilegien gehört nicht zuletzt der Schutz vor ›Psychopathologisierung‹« (Reiche 1997, S. 951). Der »Deal« gilt allerdings nur unter der Bedingung, daß Transsexuelle »durch ihre Wünsche an Recht und vor allem Medizin gefesselt« (Sigusch 1992, S. 107) bleiben.

In psychoanalytischen Zusammenhängen wird über Transsexualität nur selten diskutiert: auf Kongressen quasi nie, in psychoanalytischen Zeitschriften nur sehr verein-

zelt;[1] Die »Psyche« publizierte in den 50er Jahren die von
M. Boss und *A. Mitscherlich* ausgelöste Debatte[2] und einen
klinischen Aufsatz von *H. Thomä* (1957)[3] und griff danach
das Thema erst 30 Jahre später wieder auf *(Burzig 1982).*

»Transsexuelle sind für den Psychoanalytiker, der sie
psychoanalytisch behandeln möchte, in erster Linie ein Experiment der grauenvollen Grenzerfahrung von Zerstückelung,
Auflösung, Zerrissenheit und Unbehaustheit in den induzier-
ten Erlebnissen der Gegenübertragung. Diese Erfahrung haben, ebenso wie ich, alle Kolleginnen und Kollegen gemacht,
die ich danach gefragt habe – und die aus unterschiedlichen
Gründen keinen Wert darauf legen, über diese Erfahrung
öffentlich zu berichten« (Reiche 1997, S. 935).

Wie heikel das Thema Transsexualität auch nach acht Jahren
intensiver therapeutischer Beschäftigung damit für mich selbst
geblieben ist, bemerkte ich beim Schreiben dieses Aufsatzes:
Ich hatte enorme Widerstände, strich immer wieder alles
durch oder hatte das Gefühl, ich müßte jetzt noch einmal
genau das Gegenteil von dem sagen, was ich gerade geschrieben hatte. Ich müßte sozusagen auf einen Streich ausführen,
daß Transsexualität ein medizinisch-soziales Konstrukt ist,
daß geschlechtstransformierende Operationen entsetzlich und
aus vielen guten psychoanalytischen Gründen abzulehnen

---

1 z. B. Limentani 1979, Oppenheimer 1991
2 Nach einem Vortrag des Daseinsanalytikers M. Boss über einen
transsexuellen Patienten, den er nach einem im Sinne der Symptombeseitigung erfolglosen psychoanalytischen Behandlungsversuch zur Operation an
einen Chirurgen überwiesen hatte, veranstaltete der entsetzte A. Mitscherlich
unter psychoanalytisch-psychiatrischen Forschern eine Umfrage zur Legiti-
mität dieses Vorgehens (Mitscherlich 1950/51, Mitscherlich et al. 1950/51 a)
und b).
3 Thomäs Bericht beeindruckt noch heute durch die Freilegung
archaischer aggressiver Ängste bzw. Selbst- und Objektimagines, die allerdings nur unter Zwang bzw. intra muros möglich war; die Therapie schei-
terte letztlich.

sind – und gleichzeitig nicht verschweigen, sondern verstehbar machen, daß ich Patienten habe, die mit meiner Zustimmung, ja sogar Unterstützung operiert worden sind, deren psychische Entwicklung ich dennoch für gelungen halte, von denen ich ein komplexes kohärentes inneres Bild in ihrem neuen Geschlecht habe und in deren Psychotherapie vieles bearbeitet werden konnte, wenn auch nicht der transsexuelle Wunsch: offensichtlich ein nicht zu bewältigender Spagat, ein zwangsläufig zum Scheitern verdammter Versuch, unüberbrückbare Widersprüche aufzulösen. Irgendwann wurde mir endlich klar, daß ich einer Allmachtsphantasie aufgesessen war, das heißt Alles *und* Nichts, Für *und* Gegen vertreten, kurz – alle Spaltungen überwinden wollte. Spaltung ist nicht nur einer der zentralen Abwehrmechanismen bei Transsexuellen (vor allem im Sinne von alles Männliche = schlecht, alles Weibliche = gut, und vice versa), Spaltungen und Polarisierungen kennzeichnen auch die ganze wissenschaftliche Diskussion zum Thema Transsexualität.

—— Auf der einen Seite steht ein konfliktloses Befürworten von Operationen bei »eindeutiger« Diagnose, und zwar nicht nur durch Somatiker, wie zum Beispiel bei *Wolf Eicher* (1992) (»eindeutig und total transponierte Geschlechtsidentität«). Auch der sonst gegenüber der Medizinalisierung der Sexualität so kritische *Eberhard Schorsch* schrieb 1974: »Nach dem heutigen Stand der Wissenschaft besteht die einzig sinnvolle und hilfreiche therapeutische Maßnahme darin, dem Drängen der Transsexuellen nach einer Geschlechtsumwandlung nachzugeben« (S. 198). Der US-amerikanische Psychoanalytiker *Robert Stoller* (1979) nahm bei Mann-zu-Frau-Transsexuellen eine konfliktfreie konträrsexuelle Entwicklung, eine konfliktfreie transsexuelle Kerngeschlechtsidentität auf der Basis einer untraumatischen (»blissfull«) Mutter-Sohn-Geschlechtssymbiose an und befürwortete deshalb bei diesen Transsexuellen geschlechtsumwandelnde Operationen. Stollers ätiologische Theorie war lange Zeit sehr einflußreich und wurde erst spät aufgegeben. Heute erscheint sie mehr als eine Variante männlicher Verklärungen des Mutter-Sohn-Verhältnisses, wie sie schon bei Freud zu finden sind: »Nur das Verhältnis zum Sohn bringt der Mutter uneingeschränkte Befriedigung; es ist überhaupt die vollkommenste, am ehesten ambivalenzfreie aller menschlichen Beziehungen« (1933, S. 143). Auf der anderen Seite steht die radikale Ablehnung der »Heilung durch Verstümmelung« (z. B. Mitscherlich 1950/51, Thomä 1957.)

—— Auf der einen Seite wird die Position vertreten, daß nur Psychotherapie sinnvoll und hilfreich sei und zur Aufgabe des transsexuellen Wunsches führe, wenn man nur tief genug gehe. Selbst *Pfäfflin*, der so viel Erfahrung mit transsexuellen Patienten hat, legt nahe, daß die Operation vermieden werden könnte, wenn der Therapeut in der Lage wäre, genügend Übertragungs-Haß auszuhalten (1993, S. 925). Die Gegenposition sieht ausschließlich die Operation als sinnvoll und hilfreich an, hält Psychotherapie für sinnlos oder nur als »stützend« möglich.

—— Transsexuelle werden als total gestört und pathologisch angesehen (Borderline, psychosenah, untherapierbar; *Lacan* spricht vom Transsexualismus als »délire« (1966, S. 735), auf der anderen Seite heißt es, »Transsexuelle sind psychisch nicht gestört« (Schorsch 1966), sie würden nur unter psychischen Beeinträchtigungen leiden, solange sie nicht operiert worden seien.

Manche Autoren haben durchaus versucht, aus dieser Alles-oder-nichts-Dynamik auszubrechen, Widersprüche auszuhalten und darzustellen, etwa Reiche (1984), Pfäfflin (1993) und andere. Sie erwähnen aber alle nur verschämt, daß sie (in nicht wenigen Fällen) Operationen befürwortet haben, und beschreiben keine einzige entsprechende Psychotherapie. Wenn überhaupt, werden Psychotherapien beschrieben, im Laufe derer der Operationswunsch vom Patienten aufgegeben, das heißt bis zum Ende der Psychotherapie oder bis zum Erscheinen der Publikation nicht realisiert wurde (z. B. Désirat 1985, Meyenburg 1992). Ich habe mich oft über dieses Verschwei-

gen geärgert, es als unredlich empfunden, (sich »reiner« darstellen, als man ist), es als erneute Abspaltung (eines Teils dessen, was man real psychotherapeutisch tut) erlebt. Ich nahm
mir vor, es anders zu machen und eine Psychotherapie mit
einem transsexuellen Patienten, im Laufe derer es mit meinem
Einverständnis zur Operation gekommen ist, zu publizieren.
Ich hatte dabei Patienten im Sinn, bei denen ich fand, daß im
Laufe der Psychotherapie eine Individuation im neuen
Geschlecht stattgefunden hatte, die Transsexualität als krea-
tive Abwehrleistung zu bewerten war, als »Plombe« (im Sinne
von Morgenthaler 1974) für den Patienten lebbar war. Ich
habe es bis heute nicht getan, weil jedesmal im Laufe des Aufschreibens meine bis dahin positive Bewertung der Psychotherapie kippte und einer massiven Entwertung und Beschämung
wich: Ich fand die Psychotherapie plötzlich oberflächlich, viel
zu wenig unbewußte Konflikte verstehend, ja, affirmativ bis
geradezu geburtshelfend gegenüber der Transsexualität –
kurz: vor meinem psychoanalytischen Ich-Ideal und Über-Ich
und schon gar vor einer psychoanalytischen Öffentlichkeit
nicht zu vertreten. Als Exekutorin meiner Beschämung stelle
ich mir dann zum Beispiel die Schweizer Psychoanalytikerin
Judith LeSoldat vor, die in ihrem von mir sehr geschätzten
Werk »Eine Theorie menschlichen Unglücks. Trieb, Schuld,
Phantasie« (1994) klar und wohlbegründet Operationen bei
Transsexuellen als »unsinnig« (S. 354) verurteilt. In den entsprechenden Psychotherapien ändert sich mein Erleben wieder, fühle ich mich zum Beispiel durch Joyce McDougall
unterstützt, von der ich weiß, daß sie Transsexuelle behandelt,
ohne die Absicht, daß diese den transsexuellen Wunsch aufgeben und ohne diesen Wunsch zu analysieren. Beim erneuten
Versuch des Aufschreibens passiert mir aber wieder das gleiche wie beim letzten Mal. Aufgrund dieser wiederholten
Erfahrung bin ich inzwischen nachsichtiger gegenüber dem
schamhaften Verschweigen der Kollegen (zu Möglichkeiten
und Problemen der Psychotherapie mit Transsexuellen vgl.
Becker 1998).

Transsexuelle kommen zum Therapeuten meist in der festen Gewißheit, dem anderen als dem ihnen biologisch gegebenen Geschlecht anzugehören. Sie sagen seltener: »Ich wäre gern/lieber eine Frau /ein Mann«, sondern meistens: »Ich bin eine Frau, gefangen im falschen männlichen Körper, und der muß weg beziehungsweise weiblich verändert werden.« Sie verleugnen dabei nicht wahnhaft ihren biologischen Körper, sie wissen, daß er da ist, aber sie empfinden ihn als »falsch« als »Gefängnis«, als nicht zu ihnen gehörend, lehnen ihn ab, hassen ihn oft, verstecken ihn, versuchen, ihn zu ignorieren, manche attackieren ihn auch, verletzen ihn, vom autoaggressiven Abbinden des Penis oder der Brust bis zu Autokastrationsversuchen.

Der transsexuelle Wunsch wird dabei nicht als konflikthaft, nicht als ich-dyston erlebt, eigentlich nicht mal als Wunsch. »Gender dysphoria« würden die meisten Transsexuellen, zumindest die meisten Mann-zu-Frau-Transsexuellen, als eine für sie nicht zutreffende Bezeichnung ablehnen – sie seien nicht dysphorisch gegenüber dem männlichen Geschlecht (der Geschlechtsidentität), sondern sie seien Frauen. Wenn man genauer zuhört, stellt es sich differenzierter dar: Manche sagen, daß sie Frau/Mann werden wollen, daß sie neidisch auf Frauen/Männer sind, manche sagen aber auch (selbst bei total männlichem Erscheinungsbild), »ich bin immer schon Frau gewesen, ich bin nur nicht damit rausgekommen, es ist mir egal, was andere denken«. Der transsexuelle Wunsch beziehungsweise die transsexuelle Gewißheit und Überzeugung hat immer zwei Teile, deren Gewichtung meist erst im Laufe einer Psychotherapie deutlich wird:

— Ich lehne meinen (weiblichen / männlichen) Körper ab, hasse ihn, er soll weg.

— Ich will ein Junge / Mann / Mädchen / Frau sein oder: ich bin ein Junge / Mann / Mädchen / Frau.

Transsexuelle Patienten konfrontieren den Therapeuten (Experten) in der Regel mit einer feststehenden Selbstdiagnose

(»Ich bin transsexuell«) und einer daraus abgeleiteten, ebenso festgelegten Selbstindikation zur Therapie (Hormone und Operation). Der Therapeut soll die (psychologische) Selbstdiagnose bestätigen und die selbstindizierte (somatische) Therapie ermöglichen oder durchführen. Er soll nicht nach Ursachen suchen und schon gar nicht versuchen, das Leiden am biologisch gegebenen Geschlecht zu lindern; es handle sich schließlich nicht um eine Krankheit, sondern um einen Irrtum der Natur.

Die Selbstdiagnose und -indikation des Transsexuellen ist eine Provokation oder gelinde gesagt eine ungewöhnliche Therapeut-Patient-Situation, die Folgen für die Interaktion zwischen Therapeut und Patient hat. Spezifische heftige Affekte können – bereits im Erstgespräch – beim Therapeuten ausgelöst werden:

— tiefe Ohnmachtsgefühle, Gefühle des Entwertetseins und Manipuliertwerdens
— Allmachtsgefühle (Ich kann dem Patienten helfen, ihn erlösen, mit Psychotherapie *oder* mit Operation.)
— Wünsche nach völliger Übereinstimmung mit dem Patienten, nicht nur, weil es dann keine Konflikte mit ihm gibt, statt dessen sehr dankbare, idealisierende Patienten, sondern wirklich tiefe, quasi symbiotische Einfühlung in seinen transsexuellen Wunsch
— schroffe Distanzierung, blanker Haß und Entwertung
— Lähmung und Ratlosigkeit
— Aktivismus (zum Beispiel rasche Indikation zur somatischen Behandlung)
    und so weiter – zum Teil alternativ, zum Teil auch nacheinander oder gleichzeitig

Diese Besonderheit der Therapeut-Patient-Situation mit den dazugehörigen heftigen Affekten hat die Struktur von Diagnostik und Behandlungen transsexueller Patienten wesentlich geprägt, die immer auch eine defensive Reaktion gegenüber der eindeutigen Selbstdiagnose und therapeutischen Selbstindikation des Patienten darstellt: Bei allen diagnostischen und differentialdiagnostischen Überlegungen und Definitionen der letzten Jahrzehnte zur Transsexualität und bei allen »Behandlungsprogrammen«[4] und »Standards of Care«[5] ging es letztlich immer darum, nach Art eines Indizienprozesses die Selbstdiagnose des Patienten zu bestätigen oder abzulehnen (Ist der Patient »wirklich« transsexuell? Handelt es sich um einen »echten« Fall von Transsexualität? etc.).

1980 veröffentlichten Sigusch und Reiche den für viele Jahre maßgeblichen Aufsatz »Die Untersuchung und Behandlung transsexueller Patienten«, in dem sie die berühmten zwölf »Leitsymptome« der Transsexualität formulierten (Revision durch Sigusch 1992). Liest man diesen Text heute, fällt auf, wie einheitlich transsexuelle Patienten dargestellt werden, obwohl es *den* transsexuellen Patienten sowenig gibt wie *den* alexitym-psychosomatischen Patienten, es gibt nur Transsexualitäten. Auch wird kaum zwischen Männern und Frauen differenziert. Es fällt weiter auf, wie viele heftige und mit Mühe kontrollierte Affekte der Text enthält und wie klassisch-psychiatrisch diese »Leitsymptome« wirken (schon das Wort selbst), und wie starr – nicht weniger starr, als es den transsexuellen Patienten unterstellt wird.

Der Sexualwissenschaftler und Psychoanalytiker Pfäfflin hat diese Leitsymptome zu Recht als »psychopathologischen Steckbrief« (1983, S. 89) bezeichnet. Meines Erachtens sind sie zudem ein Zeugnis der defensiven Reaktion auf die Selbstdiagnose der Patienten und des daraus resultierenden, verstehbaren Bedürfnisses nach einer Bedrohung und Beunruhigung lindernden Sicherheit. Schließlich folgt aus der Bestätigung der Selbstdiagnose Transsexualität die Bestätigung der therapeutischen Selbstindikation, das heißt massive, zum Teil irreversible körperliche Eingriffe. Es geht um Operationen,

4 z. B. Sigusch und Reiche 1980, Clement und Senf 1996
5 Standards of Care. The Harry Benjamin International Gender Dysphoria Association 1996; Becker et al. 1997

die man normalerweise als Verstümmelungen empfindet und nur als ängstigende Phantasien kennt (z. B. Kastration), oder die allenfalls als lebensrettende Maßnahme bei schwerer Erkrankung (Brustamputation bei Mammakarzinom) in Kauf zu nehmen wären. Es geht um schwerwiegende Entscheidungen radikaler Natur. Wie radikal, wird besonders deutlich bei unglücklichen Verläufen, etwa bei operierten Transsexuellen, die ausschließlich wie kastrierte Männer und gar nicht wie Frauen wirken. Oder bei jemand, der »rückumgewandelt« werden will: Ein solcher Patient (M-F-M) bezeichnete seine damals mit großem Druck von ihm erreichte erste Umwandlung von Mann-zu-Frau als »Dummheit« und forderte nun mit ebenso großem Druck die »Rückumwandlung« (Konstruktion eines »Neopenis«/»Penoid«).

Zur Radikalität gehört auch, daß, wenn es zur Operation kommt, aufgrund einer psychologischen Diagnose eine chirurgische Therapie indiziert wird. Andere psychochirurgische Maßnahmen (z. B. Lobotomie, Kastration bei Straftätern, Penisprothese etc.) wurden und werden ja gerade von der Sexualwissenschaft heftig bekämpft und zum Teil aufgrund dieser Kritik auch eingestellt. Bei Dysmorphophobien würde wohl kaum ein Psychotherapeut/Psychoanalytiker den Patienten zum Chirurgen überweisen. Bei der Operation von Transsexuellen geht es also auch um Psychochirurgie, daran kann es keinen Zweifel geben. Auch die »Freiwilligkeit« ändert daran nichts. In diesem Sinne hat Reiche recht, operierte Transsexuelle seien anatomische »Monster, geschaffen von Menschenhand, in einem zur Wirklichkeit gewordenen Kabinett des Dr. Mabuse, des Dr. Moreau oder des Studenten Frankenstein« (1984, S. 60). Er schreibt dies, nachdem er im Laufe seiner Tätigkeit an der Frankfurter Abteilung für Sexualwissenschaft nicht wenige Indikationen zur Hormonbehandlung und zur Operation gestellt hat und sich auch nachträglich nicht davon distanziert, obwohl er es als »Agieren« bezeichnet, das er allerdings im Umgang mit Transsexuellen für unausweichlich hält.

Wer sich mit transsexuellen Patienten beschäftigt und einläßt, also nicht gleich das Gespräch verweigert, wenn er »transsexuell« hört (was es auch gibt), muß sich mit eigenen heftigen Gefühlen auseinandersetzen:

— Ohnmacht/Allmacht und symbiotische Übereinstimmung versus Distanzierung und Haß hatte ich schon genannt. Auf der einen Seite steht die Skylla des Aktivismus (tun, was der Patient will), auf der anderen Seite die Charybdis der Einfühlung verweigernden Ablehnung des transsexuellen Wunsches, die den Zugang zum Patienten versperrt und meist schnell zum Abbruch des Kontakts führt. (Ein psychotherapeutisches Angebot im Sinne von »Wir können verstehen, warum Sie ein Mann/eine Frau sein wollen«, wird in der Regel von transsexuellen Patienten nicht angenommen.)

— Wer mit transsexuellen Patienten zu tun hat, bleibt in keinem Fall unschuldig. Wenn er sich grundsätzlich gegenüber dem transsexuellen Wunsch verweigert, läßt er den Patienten allein, was zu Suizidalität, zu vorschnellen Operationen führen und zu besonders unglücklich verlaufenden transsexuellen Entwicklungen beitragen kann (Delegation des Problems an andere). Wenn der Therapeut aktiv wird oder es nicht ausschließt, im Laufe der Psychotherapie aktiv zu werden, und keine Auflagen macht (im Sinne eines Verbots somatischer Maßnahmen), den transsexuellen Wunsch vielleicht deutet, aber seine Realisierung nicht hindert (wie z. B. einen Kinderwunsch), wenn er sogar im Laufe der Psychotherapie Hormone und Operation befürwortet oder irgendwie mitträgt, läßt er Verstümmelung, irreversible Entscheidungen zu, Mittelwege sind letztlich kaum möglich. Eine wirkliche Neutralität gegenüber dem transsexuellen Wunsch läßt sich kaum durchhalten oder jedenfalls nur, wenn man offen für *jeden* Ausgang ist.

— Angst, zum Beispiel Kastrationsangst, Angst vor Vernichtung, vor dem Verlust körperlicher Unversehrtheit
— Druck, den der Patient auch oft genug macht, zum Beispiel Suiziddrohungen
— Und nicht zuletzt Verwirrung. Transsexuelle Patienten verwirren nicht nur den Untersucher / Therapeuten oft in bezug auf ihr Geschlecht, man nimmt sie mal als »er«, mal als »sie«, oft auch im Laufe der Behandlung eindeutig im gewünschten Geschlecht wahr. Transsexuelle Patienten rühren auch beim Therapeuten tief an die Entwicklung der eigenen Geschlechtsidentität (mit all ihren Narben und Brüchen), an die Verarbeitung der eigenen kindlichen bisexuellen Omnipotenz inklusive des Schicksals der infantilen Wünsche nach Überwindung des Geschlechtsunterschieds, mit allen dazugehörigen Phantasien, vom gebärfähigen Mann mit Brüsten bis zum mütterlichen Phallus.

Die durch die Selbstdiagnose, den Geltungsanspruch des transsexuellen Patienten ausgelöste Dynamik ist also gewaltig – alle »Leitsymptome«, »Behandlungsprogramme«, »Standards of Care« stellen letztlich eine Art Schutzwall gegen diesen Strudel und Sog dar. Ich betone dies, weil es mir für den Umgang mit transsexuellen Patienten zentral erscheint, sich die besondere Weise, in der man (ob man will oder nicht) von Anfang an involviert ist, ständig bewußt zu machen. Darin liegt zwar ein Schutz vor verführerischen diagnostischen Gewißheiten und falschen Eindeutigkeiten, die auch die Patienten zu solchen zwingt, statt daß sie Ambivalenzen zulassen können. Es bringt aber auch mit sich, immer wieder erneut alle die genannten Gefühle erleben zu müssen und immer wieder alles zu bezweifeln, was man tut.

Eine weitere wichtige Besonderheit der Transsexualität ist die Verschränkung wie auch gegenseitige Beeinflussung zwischen dem Fortschritt der Medizin und dem Krankheitsbild der Transsexualität beziehungsweise dem Erscheinungsbild der Transsexuellen. Um das zu verdeutlichen: Liest man Fallberichte über Transsexuelle von *Magnus Hirschfeld* aus den 20er Jahren (damals noch Transvestiten genannt, aber nach heutigem Verständnis Transsexuelle), klingen die Darstellungen und Selbstdarstellungen der Patienten ganz ähnlich wie die der Transsexuellen heute (»Frau sein oder überhaupt nicht sein«), aber der Wunsch an den Arzt beschränkte sich meist auf die Berechtigung, einen anderen Namen zu tragen und in anderen Kleidern auftreten zu dürfen.

»Ihr Wesen«, schreibt Hirschfeld 1926 in einem emphatischen Fallbericht, »ist im Grunde dadurch gekennzeichnet, daß der Transvestit von Geburt an aus innerer Veranlagung von dem Drange beherrscht wird, sein Leben nach jeder Richtung hin den Gewohnheiten des anderen Geschlechts entsprechend zu führen. Da die männliche oder weibliche Lebensführung im wesentlichen durch die verschiedenartige Kleidung ausgedrückt ist, zeigt sich die Veranlagung darin, daß ihre Träger von einem unwiderstehlichen Zwange beherrscht sind, sich nach Art des anderen Geschlechts zu kleiden.« Wenn das ermöglicht wurde, waren die Patienten zufrieden, beruhigt, »glücklich«. So endet der Bericht Hirschfelds: »D. erhielt die Erlaubnis, ständig weibliche Kleidung zu tragen, und führt seitdem vollkommen das Leben einer Frau« (S. 17).

Heute dagegen besteht fast immer der Wunsch nach hormoneller Behandlung und geschlechtsumwandelnder oder geschlechtsanpassender Operation, der immer extremer wird. (Ein Patient wünschte kürzlich eine komplette Unterkörpertransplantation ab der Taille.)

Ein anderes Beispiel für die Veränderung des transsexuellen Wunsches durch den medizinischen Fortschritt: Frau-zu-Mann-Transsexuelle haben lange, auch bei starkem Wunsch nach einem Penis, auf eine Penisprothese verzichtet, weil die Operationsergebnisse ihnen zu mangelhaft waren. Sie waren damit nicht unglücklich, im Gegenteil. Trotz der schlechten operativen Möglichkeiten waren sie oft psychisch gut integriert, fühlten sich als Mann, waren sozial integriert, hatten meistens Partnerbeziehungen, oft schon vor der Operation.

Seit einigen Jahren gibt es eine neue Methode zum »Penisaufbau«. Ich beobachte, wie die Vielfalt der individuellen transsexuellen Wege verarmt (es gibt da auch einen Gruppendruck), der Penis immer mehr sein »muß«, und zwar nicht nur von den Patienten aus, sondern auch von der Gesellschaft. Ich vermute, daß in fünf bis zehn Jahren der Wunsch nach einem Penis der Standardwunsch vom ersten Gespräch an sein wird. Die Medizin strukturiert den transsexuellen Wunsch.

Die Medizin hat bisher wenig reflektiert, wie sehr sie selbst zu dem Syndrom Transsexualität beigetragen hat, das sie dann wieder diagnostiziert: Weil es »geschlechtsumwandelnde« (welches Heilsversprechen!) oder »geschlechtsanpassende« (ebenso unwahr) Operationen gibt, gehört es heute zum »echten« Transsexuellen, operiert werden zu wollen (vgl. DSM, ICD etc., alle Definitionen sind letztlich tautologisch[6] – was dann wieder die Indikation zur Operation legitimiert. Manche transsexuelle Patienten reflektieren diesen Zusammenhang und erleben ihn als sozialen Druck: »Ich muß mich operieren lassen, sonst erkennen mich die Gesellschaft, die Kollegen, meine Familie nicht als Frau an. So frei und unabhängig bin ich auch nicht, daß ich mich dem entgegenstellen könnte.« So wird die Anatomie dann doch wieder zum Schicksal.

Um es noch mehr zu komplizieren – es ist auch letztlich so kompliziert: Nicht nur die Fortschritte der operativen Medizin wirken auf den einzelnen Transsexuellen, seine Wünsche, sein Begehren, seine Selbstdarstellung gegenüber dem Therapeuten ein, sondern zusätzlich auch die rechtlichen Regelungen (in Deutschland das Transsexuellengesetz), die Regelungen der Krankenkassen, und nicht zuletzt die Veröf-

6 Erst der DSM-IV durchbricht diesen Zirkelschluß (transsexuell ist, wer operiert werden will – bei Vorliegen einer Tanssexualität ist die Operation indiziert) durch die Aufgabe der Diagnose »Transsexualität« zugunsten von »Geschlechtsidentitätsstörungen«.

fentlichungen der sexualwissenschaftlichen Transsexualitäts-
experten und die daraus ableitbaren Beweisanforderungen an
Transsexuelle, um ein Gutachten zur Operation zu erhalten.
So wissen viele in Selbsthilfegruppen und durch Lektüre
geschulte transsexuelle Patienten, auf welche Fragen sie bei
der Anamnese zu achten und wie sie sie »richtig« zu beantworten haben (z. B. daß sie sich »immer schon als Frau
gefühlt« haben, aber nicht schon als Baby, weil das unglaub-
haft ist; daß das Tragen weiblicher Kleidung sie nie sexuell
erregt, stets nur beruhigt habe, damit kein Verdacht auf Transvestitismus entsteht, etc.). Die transsexuelle Subkultur vermittelt Kenntnisse über persönliche Erwartungen von Gutachtern
an transsexuelle Patienten. (»Bei Herrn Dr. X. hat man keine
Chance, wenn man nicht im Röckchen kommt« etc.) Ein
besonders gebildeter transsexueller Patient wüßte heute auch,
daß ihm in seinem Anliegen am ehesten Erfolg beschieden sein
wird, wenn er dem nahekommt, was der konstruktivistische
Soziologe *Hirschauer* (1993) als den »idealen Transsexuellen:
Kooperationspartner im Geschlechtswechsel« (S. 203) beschrieben hat: etwas ambivalent, aber nicht zu sehr, die Operation wollend, aber nicht drängend, das richtige Tempo wah-
rend, das heißt Initiative zeigend, aber nicht zu viel, damit der
Therapeut Zeit hat, den Wechsel mitzuvollziehen. Es scheint
mir nicht übertrieben, wenn Hirschauer schreibt, ein »echter«
Transsexueller werde »über das Funktionieren des Behand-
lungsprogramms für Transsexuelle, über die Erwartung an
wirkliche Männer und Frauen und über Erwartungen an In-
dividuen, die ihr Geschlecht wechseln wollen, bestimmt«
(S. 212). Was aber sind »wirkliche« Männer und Frauen, wer
weiß das, und wer bestimmt das?
   »Das Prinzip der eindeutigen und unwandelbaren Einordnung in die alternative Kategorie ›männlich‹ – ›weiblich‹
durchzieht als selbstverständliche Voraussetzung nicht nur
das gesamte soziale Leben, sondern auch die gesamte Rechts-
ordnung« (Bundesgerichtshof 1971). Diese Aussage kommt
einem veraltet und ideologisch vor, obgleich sie auch zutrifft:

Bei jeder Begegnung nehmen wir unmittelbar eine Einordnung des Gegenüber in Mann oder Frau vor; die Kriterien, nach denen wir das tun, sind vorwiegend vorbewußt. Die wesentlich ältere Aussage Freuds wirkt aktueller:

»Es ist unerläßlich, sich klarzumachen, daß die Begriffe ›männlich‹ und ›weiblich‹, deren Inhalt der gewöhnlichen Meinung so unzweideutig erscheint, in der Wissenschaft zu den verworrensten gehören und nach mindestens drei Richtungen zu zerlegen sind. Man gebraucht männlich und weiblich bald im Sinne von Aktivität und Passivität, bald im biologischen und dann auch im soziologischen Sinne ... Die dritte, soziologische Bedeutung erhält ihren Inhalt durch die Beobachtung der wirklich existierenden männlichen und weiblichen Individuen. Diese ergibt für den Menschen, daß weder im psychologischen noch im biologischen Sinne eine reine Männlichkeit oder Weiblichkeit gefunden wird. Jede Einzelperson weist vielmehr eine Vermengung ihres biologischen Geschlechtscharakters mit biologischen Zügen des anderen Geschlechts und eine Vereinigung von Aktivität und Passivität auf, sowohl insofern diese psychischen Charakterzüge von den biologischen abhängen, als auch insoweit sie unabhängig von ihnen sind« (Freud 1905, S. 121).

Sehr viel weiter sind wir in unseren grundsätzlichen Erkenntnissen heute auch nicht. Das ist nicht im Sinne der üblichen Verbeugung gemeint, Freud habe irgendwo immer schon alles gewußt und geschrieben, und auch nicht, um Freud als frühen Konstruktivisten zu erweisen, sondern weil es beim Thema Geschlechtsidentität/Geschlechtsrolle weit verbreitet ist, Freud auf die Aussage »die Anatomie ist das Schicksal« zu reduzieren. Dabei geht es an der einen Stelle (1912, S. 90) gar nicht um Geschlechtsidentität, sondern um die Lage der Genitalien zwischen den Ausscheidungsorganen, und an der anderen Stelle formuliert er sehr vorsichtig: »Der morphologische Unterschied muß sich in Verschiedenheiten der psychischen Entwicklung äußern« (1924, S. 400). Davon bin ich auch – allen Konstruktivisten zum Trotz – überzeugt, die Frage ist nur, wie? Die Entwicklung des Körpers selbst ist nicht unabhängig von den körperlichen Gegebenheiten und hat auch psychische Folgen, zum Beispiel die Bedeutung der Externalisierung und des Schauens; oder die Bedeutung diffuser innergenitaler körperlicher Empfindungen (später: der Hoden) und ihre Integration oder Verleugnung in der männlichen Entwicklung (vgl. Kestenberg 1968 und Bell 1961). Gleichzeitig führen (aktive und passive) libidinöse und aggressive Triebe auch zu Phantasien, die keine Rücksicht auf die Anatomie nehmen oder auch an ihr scheitern: Der Phalluswunsch bei Mädchen basiert auf Triebwünschen und nicht auf einer psychischen Repräsentanz der Klitoris. Der Wunsch beim Jungen nach einer weiblichen Öffnung, die nicht der Anus ist (vgl. LeSoldat 1994), ist ebenfalls Resultat von Triebwünschen und nicht von körperlichen Gegebenheiten. Die Entwicklung des Körperselbst und die Triebschicksale haben Folgen für die Identifizierungsprozesse und damit auch für die Geschlechtsidentität beziehungsweise für die ganz individuelle »Verlötung« (Freud) mit dem biologischen Geschlecht. Denkt man in diesen Zusammenhängen weiter, gibt es letztlich keine sexuelle Störung (von Perversion bis Impotenz), bei der es nicht auch um eine Geschlechtsidentitätsstörung geht.

Die berechtigte Kritik an allen Zuschreibungen, was das »Wesen der Frau« (vom moralischen Schwachsinn bis zur Friedfertigkeit) beziehungsweise das »Wesen des Mannes« (vom Kriegführen bis zur schöpferischen Leistung) ausmache, richtete sich immer dagegen, daß unter Berufung auf die Biologie (insbesondere Gebärfähigkeit) eine Ideologie zur Rechtfertigung gesellschaftlicher Ungleichheit zwischen Männern und Frauen propagiert wurde. Daran ist die Psychoanalyse nicht unbeteiligt, diese Ideologien haben sich auch in ihr niedergeschlagen: zum Beispiel in dem Phallozentrismus, der lange übersah, daß das Gegenstück zum Penis die Vagina und nicht die Kastration ist. Aus dieser »konkretistischen Fixierung der Psychoanalytiker auf den Penis« (Reiche 1990, S. 60) resultieren dann auch unhaltbare Wesenszuschreibungen wie der Strukturmangel, die Über-Ich-Schwäche bei der Frau und ähnliches.

Viele der gesellschaftlichen / kulturellen Zuschreibungen, was männlich/weiblich sei, sind in den letzten Jahrzehnten als solche oder auch als Ideologie erfolgreich dekonstruiert worden, wobei sich der Feminismus besondere Verdienste erworben hat; allerdings mehr, was die Zuschreibung gegenüber Frauen betrifft, bezogen auf Männer wurde weniger dekonstruiert als entwertet (der Mann als defizitäres Wesen). Die sogenannte Männerbewegung hat diese Lücke nur sehr begrenzt gefüllt, Rückbesinnungen à la »Eisenhans« (Bly 1991) ebenfalls nicht. Interessanterweise gab es dann auch im Feminismus rückläufige Bewegungen, insbesondere die Entdeckung der »genuinen, primären Weiblichkeit« (quasi eine Neuformulierung des »Wesens« der Frau, nur mit neuen Inhalten), die dann auch wieder zu einem Mythos und zu einer Ideologie wurde, weil sie ohne Gesellschaftsbezug blieb. Dies wurde insbesondere durch die Kritik schwarzer Frauen in den USA am Feminismus aufgedeckt. Diese Kritik ist in die neuere Sex- und Gender-Debatte (die mehr eine Gender-Debatte ist) eingegangen. Diese Debatte bekam allerdings einen kulturalistischen Bias – der Körper, das heißt die leibliche Materialität, verschwand ganz beziehungsweise wurde für bedeutungslos oder ausschließlich zum Produkt kultureller Zuschreibungen erklärt (vgl. Butler 1991; zur Kritik vgl. Gast 1994 und Reiche 1997). In diesem Sinne wurde das Faktum der Geschlechterunterscheidung bereits als soziales Phänomen, die Differenz der Körper als Resultat einer gesellschaftlichen Praxis verstanden. »Körper sind nicht einfach da; um sozial relevant zu werden, müssen sie sowohl wahrgenommen als auch dargestellt werden« (Lindemann 1993, S. 22).

Derzeit befinden wir uns in einer Situation, in der sich Wesensunterschiede zwischen den Geschlechtern beziehungsweise Zuschreibungen von Wesensunterschieden immer mehr auflösen; der Geschlechtsunterschied bleibt jedoch bestehen. Den von manchen behaupteten Trend zur Auflösung oder

Verwischung von Geschlechtsidentitätsgrenzen halte ich für eine modische Theorie beziehungsweise für eine Utopie, von der ich nicht einmal weiß, ob ich sie mir wünsche. Wenn nun aber die Wesenszuschreibungen männlich/weiblich alle nicht mehr gültig sind, ist dann Mannsein und Frausein ausschließlich Performance, oder ist doch der körperliche Unterschied das einzig Entscheidende? Dann allerdings hätten viele Transsexuelle, die meinen, durch die Operation zur Frau zu werden, doch recht.

Die Amerikanerin *Virginia Prince*, die für sich entschieden hat, als Frau zu leben, ohne ihren männlichen Körper operativ verändern zu lassen, schreibt (sinngemäß übersetzt) über Mann-zu-Frau-Transsexuelle: »Frau zu sein ist eine Identität, die durch Leben gelernt werden muß, sowohl von Frauen, die als solche geboren werden, als auch von solchen, die diesen Status später erreichen. Frau bekommt man nicht im Warenhandel im Sinne von ›eine Vagina = eine Frau‹. Operationen können das Genitale verändern, aber es gibt keine Psychochirurgie, die eine Identität als Frau herstellt. Der einzige Weg, dies zu erreichen, ist persönliche Erfahrung und soziale Akzeptanz, und das ist eine lange, beschwerliche Reise« (1978, S. 265).

Die Soziologin *Gesa Lindemann* (die einen leibsoziologisch reflektierten Konstruktivismus vertritt) schreibt: »Die Transsexualität liefert gleichsam ein Abbild einer modernisierten Geschlechterunterscheidung, die weitgehend ohne Wesenszuschreibungen auskommt. In diesem Rahmen können alle alles machen, wenn sie es nur als Frauen oder Männer tun. Völlig reflexiv geworden ist allerdings auch in westlichen Gesellschaften die Geschlechterdifferenz (noch?) nicht … Vor allem der Penis sträubt sich recht erfolgreich gegen seine reflexive Modernisierung … Bei Transsexuellen wird … nur die Reflexivität sichtbar, die auch für das Frau- bzw. Mannsein von Nichttranssexuellen konstitutiv ist. Wir alle sind Frauen oder Männer, indem wir den Eindruck erwecken, wir seien es … In dieser Perspektive unterscheiden sich Transsexuelle von Nichttranssexuellen lediglich, weil die ersteren wissen, wie sehr sie damit beschäftigt sind, ihr Geschlecht darzustellen, während die Nichttranssexuellen das gleiche zumeist vollbringen, ohne weiter darüber nachzudenken« (1993, S. 11–12). Nicht zuletzt deshalb kommt es bei Transsexuellen zu den klischeehaften Übertreibungen der Geschlechtsrolle, was sich oft *nach* der Operation verändert.

Die geschlechtsspezifischen Unterschiede bei Transsexuellen sind erheblich und vielfältig. Ich möchte im folgenden einige von ihnen benennen, um das bisher Gesagte zu illustrieren und um zu zeigen, daß manche »klinische« Unterschiede kulturell bedingt sind.

Das wissenschaftliche Interesse am Transsexualismus richtete sich lange Zeit vor allem auf die Mann-zu-Frau-Transsexuellen (MF-TS). Auch historisch sind mehr Beispiele von MF-TS bekannt. Es schien lange Zeit so, als gebe es viel mehr MF-TS als Frau-zu-Mann-Transsexuelle (FM-TS) (1 : 2 oder sogar 1 : 3). Nur in den Staaten des sogenannten Ostblocks war die Relation offensichtlich umgekehrt. Mittlerweile gleichen sich die Zahlen insgesamt an.

Die Gründe für das geringere Vorkommen der FM-TS in der Wissenschaft und für ihre scheinbar geringe Zahl sind vielfältig. Ein Grund ist vermutlich der, daß MF-TS für die patriarchalische Gesellschaft, zu der auch die Wissenschaft gehört, bedrohlicher und provokativer sind. (Vergleichbares kennen wir von der unterschiedlichen Bewertung männlicher und weiblicher Homosexualität, weshalb auch die männliche Homosexualität viel mehr kriminalisiert werden mußte.) Ein anderer Grund für die geringere Erforschung von FM-TS ist der, daß es mehr Zwischenstufen, mehr fließende Übergänge zwischen männlich identifizierten homosexuellen Frauen und FM-TS als zwischen weiblich identifizierten homosexuellen Männern und MF-TS gibt. Das hat wohl mit der insgesamt bei Männern tieferen Abwehr von Homosexualität zu tun, weshalb wir allgemein in bezug auf Homosexualität und Heterosexualität mehr fließende Übergänge bei Frauen kennen (vgl.

Düring 1994). Frauen können viel eher beides in ihrem Leben erleben, Männer müssen sich vielmehr festlegen darauf, homo- oder heterosexuell zu sein. Auch können Frauen, die Frauen sein wollen, eher zu »männlichen« Anteilen bei sich stehen als Männer zu ihren »weiblichen« Anteilen. (Zur Abwehr »weiblicher« Anteile bei Männern und ihrer Bedeutung für die Perversion vgl. Kaplan 1991, LeSoldat 1994.) Männer sind leichter in ihrer Geschlechtsidentität zu verunsichern als Frauen (Frauen zweifeln eher am Wert ihres Frauseins als an der Tatsache), was bei den Männern vermutlich vorwiegend mit frühen Prozessen der Entidentifizierung von der Mutter (vgl. Greenson 1968) zusammenhängt. Das Primärobjekt hat ein anderes Geschlecht: Der Junge muß sich von der Mutter lösen, um eine Geschlechtsidentität zu erlangen. Er muß seine Geschlechtsidentität betonen, um die Ablösung zustande zu bringen.

Auch gesellschaftlich werden weibliche Eigenschaften bei Männern mehr diskriminiert als männliche bei Frauen. Der Kern der Entwertung gegenüber homosexuellen Männern ist, daß sie weiblich beziehungsweise nicht männlich seien. *Dannecker* vertritt die Auffassung (1996), daß es zur normalen (nicht psychopathologischen) homosexuellen Entwicklung gehört, daß es beim prähomosexuellen Jungen innerhalb der ödipalen Entwicklung notwendigerweise zu einem »Feminitätsschub« kommt. Diese These stieß zum Teil auf heftigen Protest. Ich selbst kann sie aufgrund vieler Psychotherapien mit homosexuellen Männern klinisch nur bestätigen, wobei meines Erachtens gerade ein unglücklicher Verlauf (= nicht gelunge Integration) dieses Feminitätsschubs später zum sogenannten effeminierten Verhalten bei Homosexuellen führt. Ich glaube allerdings, daß es ein vergleichbares Phänomen auch bei später heterosexuellen Männern gibt, das allerdings einer viel tieferen Verdrängung unterliegt. Unsere Kultur ächtet eben Weiblichkeit beim Mann nach wie vor. Die Bezeichnung beispielsweise einer Frau, einer, die Karriere macht, als »Mannweib« ist eine Beschimpfung, die aber weit weniger herabsetzend ist, als einen Mann als keinen »richtigen« Mann oder als »weibisch« zu bezeichnen. Dies alles hat auch dazu geführt, daß biologische Frauen leichter mit männlichen Attributen oder als Mann auftreten können, ohne gesellschaftliche Sanktionen befürchten zu müssen, als dies biologische Männer als Frauen tun können. Gelegentlich bietet die patriarchalische Mißachtung der Frauen auch Nischen für größere Flexibilität.

Dies hat auch dazu geführt, daß FM-TS schon länger vor der Operation in ihrer sozialen Umgebung und in ihrer Partnerschaft als Mann akzeptiert werden. Sie haben auch mehrheitlich bereits vor der Operation sexuelle Kontakte zu Frauen und erleben dabei sexuelle Zufriedenheit. Sie empfinden sich schon vor der Operation in der sexuellen Beziehung zur Freundin als Mann und die Beziehung als heterosexuell. Umgekehrt gibt es solche sexuellen Beziehungen bei Mann-zu-Frau-Transsexuellen vor der Operation nur sehr selten und wenn überhaupt, werden sie als homosexuell gewertet und deshalb abgelehnt, als unbefriedigend erlebt und halten nicht lange. Hier zeigt sich auch die Bedeutung unterschiedlicher gesellschaftlicher Anforderungen: Beziehungen zu Frauen bei FM-TS werden von der Umwelt als heterosexuell wahrgenommen, also als Bestätigung der männlichen Identität. Umgekehrt werden Beziehungen von MF-TS zu Männern vor der Operation von der Umwelt als homosexuell bewertet, gefährden also die Bestätigung ihrer weiblichen Identität.

Zu Beginn erleben FM-TS die Diskrepanz zwischen ihrem Geltungsanspruch als Männer und ihrer weiblichen Existenz stärker, und ihr Leiden ist für den Therapeuten deutlicher spürbar. MF-TS stellen sich dagegen oft bereits zu Beginn so dar, als sei ihr Geltungsanspruch, Frau zu sein, bereits eingelöst, sie leiden scheinbar nicht.

Im Laufe der transsexuellen Entwicklung und der Behandlung kippen die Verhältnisse zwischen FM-TS und MF-TS häufig: Wenn FM-TS dann als Männer leben, werden sie als solche anerkannt, setzen sich leichter als solche durch, selbst wenn ihr biologisches Geschlecht bekannt ist. MF-TS haben es dagegen im weiteren Verlauf oft schwerer: Sie bleiben häufig (Stimme, Bart, Körperbau) als »frühere Männer« erkennbar, und sie bleiben für die Umwelt, solange sie einen Penis haben, ein Mann.

Gesellschaftliche Anforderungen an Transsexuelle unterscheiden sich auch geschlechtsspezifisch:

— FM-TS müssen keine »Kerle« sein, um als Männer anerkannt zu werden. Ihre Partnerinnen schätzen oft gerade das »Zarte« an ihnen.

— MF-TS unterliegen viel stärker dem Druck, »wohlgestaltete«, besonders feminine Frauen zu sein.

— FM-TS können in vielen Abstufungen allmählich zum Mann werden.

— MF-TS müssen einen viel radikaleren Schnitt zwischen (immer noch) Mann- und Frausein machen.

Es scheint mir wichtig, die unterschiedlichen Schwierigkeiten, die Frauen und Männer auf ihrem transsexuellen Weg haben, zu kennen, um sie auch in ihrer gesellschaftlichen Bedingtheit zu begreifen und sie nicht nur zu psychopathologisieren und um entsprechende Gegenübertragungsprozesse besser zu verstehen.

Einerseits stehen Transsexuelle für ein zunehmendes kulturelles Unbehagen gegenüber dem Geschlecht, das sich vor allem gegen das richtet, was ein Mann/eine Frau sein soll (Geschlechtsrolle). Andererseits stehen Transsexuelle auch für den ebenfalls kulturell vorhandenen Wunsch, klar (ohne Mißachtung *und* ohne Überforderung) Frau/Mann sein zu können. Diese Problematik muß die gesellschaftliche Mehrheit austragen, nicht die Transsexuellen. Deshalb eigenen sie sich auch nicht als Avantgarde oder Hoffnungsträger für die Überwindung der Geschlechtergrenzen.

Literatur

Becker, S.; Bosinski, H. A. G.; Clement, U.; Eicher, W.; Goerlich, T. M.; Hartmann, U.; Kockott, G.; Langer, D.; Preuss, W. F.; Schmidt, G.; Springer, A.; Wille, R. (1997): Standards der Behandlung und Begutachtung von Transsexuellen der Deutschen Gesellschaft für Sexualforschung, der Akademie für Sexualmedizin und der Gesellschaft für Sexualwissenschaft. Z. Sexualforsch. 2: 147–156.

Becker, S. (1998): Psychotherapie bei Transsexualität. In: Strauß, B. (Hg.), Psychotherapie der Sexualstörungen. Stuttgart/New York.

Bell, A. (1961): Some oberservations of the role of the scrotal sac and testicles. J. of the Am. Psa. Ass. 9: 261–286.

Bly, R. (1991): Eisenhans. München.

Burzig, G. (1982): Der Psychoanalytiker und der transsexuelle Patient. Ein Beitrag zur notwendigen Auseinandersetzung mit »psycho«-chirurgischen Eingriffen an den Geschlechtsmerkmalen. Psyche 36: 848–857.

Butler, J. (1991): Das Unbehagen der Geschlechter. Frankfurt a.M.

Clement, U.; Senf, W. (1996): Transsexualität. Behandlung und Begutachtung. Stuttgart/New York.

Dannecker, M. (1996): Probleme der männlichen homosexuellen Entwicklung. In: Sigusch, V. (Hg.), Sexuelle Störungen und ihre Behandlung. Stuttgart/Göttingen, S. 77–91.

Désirat, K. (1985): Die transsexuelle Frau. Beiträge zur Sexualforschung, Bd. 60. Stuttgart.

Düring, S. (1994): Über sequentielle Homo- und Heterosexualität. Z. Sexualforsch. 7: 193–202.

Eicher, W. (1992): Transsexualismus. Möglichkeiten und Grenzen der Geschlechtsumwandlung. 2. Auflage. Stuttgart.

Freud, S. (1905): Drei Abhandlungen zur Sexualtheorie. GW V, London.

Freud, S. (1912): Beiträge zur Psychologie des Liebeslebens. GW VIII, London.

Freud, S. (1924): Der Untergang des Oedipuskomplexes. GW XIII, London.

Freud, S. (1933): Neue Folge der Vorlesungen zur Einführung in die Psychoanalyse. GW XV, London.

Gast, L. (1994): Der Körper auf den Spuren des Subjekts. Psychoanalytische Gedanken zu einer Schicksalsgemeinschaft in dekonstruktiven Turbulenzen. Die Philosophin 5: 27–49.

Greenson, R. (1968): Die Beendigung der Identifizierung mit der

Mutter. In: Greenson, R. Psychoanalytische Erkundungen. Stuttgart 1982.

Hirschauer, S. (1993): Die soziale Konstruktion der Transsexualität. Frankfurt a.M.

Hirschfeld, M. (1926): Ein Transvestit. In: Levy-Lenz, L. (Hg.), Sexualkatastrophen. Leipzig.

Kaplan, L. (1991): Weibliche Perversionen. Hamburg.

Kestenberg, J. (1968): Outside and inside, male and female. J. of the Am. Psa. Ass. 16: 457–519.

Lacan, J. (1966): Ecrits. Paris.

LeSoldat, J. (1994): Eine Theorie menschlichen Unglücks. Trieb, Schuld, Phantasie. Frankfurt a.M.

Limentani, A. (1979): The significance of transsexualism in relation to some basic psychoanalytic concepts. Int. Rev. Psycho.-Anal. 6: 139–153.

Lindemann, G. (1993): Das paradoxe Geschlecht. Transsexualität im Spannungsfeld von Körper, Leib und Gefühl. Frankfurt a.M.

Meyenburg, B. (1992): Aus der Psychotherapie eines transsexuellen Patienten. Z. Sexualforsch. 5: 95–110.

Mitscherlich, A. (1950/51): 66. Wanderversammlung der Südwest-deutschen Psychiater und Neurologen, Badenweiler, 2./3. Juni 1950. I. Erstes Leitthema: Daseinsanalyse. Psyche 4: 226–234.

Mitscherlich, A.; Bally, G.; Binder, H.; Binswanger L.; Bleuler M.; Brun, R.; Dührssen, A.; Gollner, W. E.; Jores, A.; Jung, C. G, Kranz, H.; Kemper, W.; Meng, H.; Mohr, F.; Müller, M.; Schultz-Henke, H.; Seitz, W.; Stachelin, J. E.; Steck, H.; Weizsäcker, V. v. (1950/51 a): Rundfrage über ein Referat auf der 66. Wanderversammlung der Südwestdeutschen Psychiater und Neurologen in Badenweiler. Psyche 4, S. 448–477.

Mitscherlich, A.; Georgi, F.; Göppert, H.; Gundert, H.; Mauz, F.; Zutt, J.; Boss, M. (1950/51 b): Rundfrage über ein Referat auf der 66. Wanderversammlung der Südwestdeutschen Psychiater und Neurologen in Badenweiler. Psyche 4: 626–640.

Morgenthaler, F. (1974): Die Stellung der Perversionen in Metapsychologie und Technik. Psyche 28: 1077–1098.

Oppenheimer, A. (1991): The wish of change: a challenge to psychoanalysis. Int. J. Psycho-Anal. 72: 221–231.

Pfäfflin, F. (1983): Probleme der psychotherapeutischen Behandlung transsexueller Patienten. Psychother. med. Psych. 33: 89–92.

Pfäfflin, F. (1993): Transsexualität. Beiträge zur Psychopathologie, Psychodynamik und zum Verlauf. Stuttgart.

Prince, V. (1978): Transsexuals and Pseudotranssexuals. Archives of sexual Behavior 7: 263–272.

Reiche, R. (1984): Sexualität, Identität, Transsexualität. Beiträge zur Sexualforschung 59: 51–64.

Reiche, R. (1990): Geschlechterspannung. Frankfurt a. M.

Reiche, R. (1997): Gender ohne Sex. Geschichte, Funktion und Funktionswandel des Begriffs »Gender«. Psyche 51: 926–957.

Schorsch, E. (1974): Phänomenologie der Transsexualität. Therapie: Geschlechtsumwandlung ohne Alternative. Sexualmedizin 3: 195–198.

Sigusch, V. (1992): Geschlechtswechsel. Hamburg.

Sigusch, V.; Reiche, R. (1980): Die Untersuchung und Behandlung transsexueller Patienten. In: Sigusch, V. (Hg.), Therapie sexueller Störungen. 2. Auflage. Stuttgart, S. 293–326.

Standards of Care. The Harry Benjamin International Gender Dysphorie Association, Inc. Revised Draft (1/90) (1996) in: Clement, U.; Senf, W. (Hg.), Transsexualität. Behandlung und Begutachtung. Stuttgart/New York, S. 106–115.

Stoller, R. (1979): Perversion. Die erotische Form von Hass. Reinbek bei Hamburg.

Thomä, H. (1957): Männlicher Transvestitismus und das Verlangen nach Geschlechtsumwandlung. Psyche 11: 81–124.

Andreas Benz

Erregen und Erregtwerden

Potenz und Impotenz des Mannes als Ausdruck von Macht- und Ohnmachts-Konflikten

Männer und Frauen werden von Müttern geboren. Der Weg zum Verständnis von Konflikten des Mannes wird deshalb nach diesem Muster über das Verständnis der Entwicklung der weiblichen sexuellen Identität führen. Überall dort, wo die Frau angeblich aus dem Mann entsteht (Gott schuf Eva aus einer Rippe Adams), liegt eine Umkehr der Realität vor, meist als Ausdruck des Machtkampfes zwischen den Geschlechtern. Auch biologisch ist die Frau der Prototyp (Chromosome XX). Aus diesem Prototyp entsteht durch die Einwirkung des männlichen Y-Chromosoms bei der Befruchtung ein Mann (Chromosome XY).

Potenz und Impotenz des Mannes werden nicht nur als körperlich-seelische Phänomene betrachtet, sondern auch in einen kulturellen Kontext gestellt: in den des Gebärneides der Männer. Unter Gebärneid versteht man den Neid der Männer auf sämtliche prokreative Fähigkeiten der Frau, von denen der Mann ausgeschlossen ist, wie Menstruation, Schwangerschaft, Geburt und Stillen. Männer können grundsätzlich mit ihrem Gebärneid, der in allen Kulturen vorhanden ist, konstruktiv oder destruktiv umgehen. Beim konstruktiven Umgang kommt es zu einer Form von Identifikation mit dem beneideten Objekt Frau und damit zu einer Teilhabe an der andersartigen Potenz des anderen Geschlechts und seinen Möglichkeiten. Beim destruktiven Umgang kommt es zum Versuch der Einschränkung, Kontrolle oder gar Zerstörung des beneideten Objekts Frau.

Das Konzept von Lillian Rotter über die
Entwicklung der weiblichen sexuellen Identität

Lillian Rotter wurde 1896 in Budapest geboren. Sie war Tochter jüdischer Eltern; ihr Vater war Journalist und Übersetzer, die Mutter Gesanglehrerin. Lillian wurde mit einer Hüftgelenksluxation geboren, was nach dem 4. Lebensjahr zu vielen Operationen führte. Lillian war von großer intellektueller Brillanz und gehörte zur zweiten Generation von Frauen des Mittelstands, die Medizin studierten. Sie schloß 1920 das Medizinstudium mit 24 Jahren ab. 1923 heiratete sie Tivadar Kertesz, einen Arzt und ehemaligen Kommilitonen. Im Jahr des Staatsexamens begann sie ihre Psychoanalyse bei Imre Hermann. 1930 wurde sie Mitglied der ungarischen psychoanalytischen Gesellschaft. Lillian Rotter sprach neben ihrer ungarischen Muttersprache auch Deutsch, Französisch und Englisch. Der Ehemann von Lillian Rotter starb 1979, sie selbst zwei Jahre später 1981.

Lillian Rotter hat ihre Gedanken 1934 unter dem Titel »Zur Psychologie der weiblichen Sexualität« veröffentlicht. Ein Leitsatz von ihr zur Charakterisierung einer gelungenen weiblichen Identitätsentwicklung lautet: »Die Frau aber, die sich ihrer Wirkung auf Männer sicher fühlt, diese Frau, der doch im sexuell-generativen Leben eine so große Rolle zukommt (Schwangerschaft, Geburt, Stillen, Kinderversorgung, Erziehung) kann sich schwerlich kastriert und minderwertig fühlen« (1934, S. 31). Damit war Lillian Rotter anderen psychoanalytischen Konzeptualisierungen ihrer Zeit, wie beispielsweise derjenigen von *Helene Deutsch*, weit voraus. Helene Deutsch betonte in der Tradition von Sigmund Freud die Tatsache der Kastration der Frau und ihres nagenden Penisneids.

Am Übergang zur Triangulation der phallischen Phase, das heißt ab etwa dem 3. Lebensjahr, kommt es zu einer zunehmenden Hinwendung des Mädchens von der Mutter weg zum Vater und, falls vorhanden, zu den Brüdern. Diese Hinwendung ist motiviert durch verschiedene Faktoren, unter anderem Enttäuschungserlebnisse durch die Mutter und sexuelle Neugier in bezug auf das andere Geschlecht.

»Bei exhibitionistischen Spielen zwischen Buben und Mädchen entdeckt das Mädchen das Phänomen der Erektion. Das Mädchen entdeckt die Erektion unter Umständen, die es folgern läßt: diese Veränderung = Erektion hätte es selbst verursacht ... Das kleine Mädchen reagiert nun auf diese von ihm verursachte Erektion in ganz unvorhergesehener Weise: da die Kleine am Penis diese Veränderung hervorgebracht hatte – durch Berührung, magische Gebärden = Exhibition, oder, was noch zauberhafter ist, durch ledigliches Dasein –, phantasiert sie nun, der Penis gehöre ihr ... Wahrscheinlich aber verspürt sie gleichzeitig selber auch die Erektion der Klitoris, und vielleicht mag eben dies den Anlaß dazu geben – daß nämlich ihr eigenes Gefühl an einem Stück Außenwelt eine so auffallende Veränderung hervorbringt –, daß die Kleine dieses Stück Außenwelt als etwas zu ihrem Ich Gehöriges betrachtet« (Rotter 1934, S. 23 f.) Diese Phantasie stützt sich vermutlich auf die Analogie der Mutterbrust-Säuglingseinheit (»Dualunion« bei Imre Hermann).

Das kleine Mädchen kann sich also unter gewissen Umständen vorstellen, daß ein Organ, welches zwar an anderen Personen zu erblicken ist, doch in seinen Wirkungskreis, in sein Ich hineingehört. Der Penis ist eine Art Maschine, die sie steuert, wie sie ja auch ihre Füße in Bewegung setzen kann oder ihre Klitoris in Erregung bringt. Der Penis wäre also eigentlich das sichtbare Vollstreckungsorgan ihrer Gefühle oder ihres Willens.

»Die Entdeckung des kleinen Mädchens von ihrer Wirkung auf das andere Geschlecht muß nicht unter so deutlich sexuellen Umständen erfolgen. Die Kleine kann bald beobachten, daß ihre körperliche Nähe beim Vater oder Großvater verschiedene Zeichen der Freude oder Erregung hervorbringt: lautes Lachen, Erröten, leuchtende Augen – all das gilt ihr. Bei gesunden, ungehemmten kleinen Mädchen können wir immer sehen, wie offenkundig sie sich darum bemühen, beim Vater oder auch anderen Männern solche Wirkungen zu erzielen. Ich glaube, daß dies der Weg ist, der das in der Beziehung zur Mutter schon oft enttäuschte kleine Mädchen zum Vater oder Bruder – das heißt zum anderen Geschlecht führt« (S. 26).

Lillian Rotter nennt dann die Folgen ihres Konzepts für das Selbstbild der Frau: Es kommt zur Phantasie »Das Weib ist die Anstifterin, der Mann ist der Vollstrecker«. Die weibliche Libido ist aktiv, im Sinne einer Anziehungskraft, einer Ansaugkraft auf den Penis. Die Phantasie, der Penis gehöre zum weiblichen Körper, wird im Koitus realisiert. Die unbewußten Phantasien von Frauen, einen Penis zu haben, gründen auf der Vorstellung »Mein Penis ist am Vater oder Bruder – gehört aber trotzdem mir« (S. 27). Das Erreichen des koitalen Ziels ist nicht Zeichen der Ohnmacht (Penislosigkeit), sondern Zeichen der Macht, Erektionen und libidinöse Begierden des Mannes zu wecken. »Das Mittel zur Verführung ist die Exhibition; sie ist das magische Zeichen, welches den Penis-Mann in Erregung versetzen kann – kulturell abgeschwächt ist es die Koketterie« (S. 28).

Die beim Liebespartner auftretende Impotenz wird von der Frau als eigene Impotenz aufgefaßt und kann zu heftiger narzißtischer Wut auf den Mann führen. Der Verlust des Vaters, oder allgemeiner des Mannes, wäre für die Frau die eigentliche Kastration, das heißt der Verlust, bei Männern Erektionen erzeugen zu können.

»Der Ausgang des ersten Verführungsversuches des kleinen Mädchens scheint auf die spätere sexuelle Entwicklung großen Einfluß zu haben: so die Erfolglosigkeit oder starke Belastung mit Schuldgefühlen. Wenn das kleine Mädchen sich den Beweis seiner Anziehungskraft nicht verschaffen kann, wenn sie den Mann nicht bekommen kann oder ihn nicht zu halten vermag oder ihn sich nicht zu gewinnen getraut, dann erst fühlt sich die Kleine kastriert, dann kehrt sie zur Mutter zurück und damit zur Klitoris-Onanie und versucht, selber Mann zu werden« (31).

Die von Lillian Rotter beschriebene Subphase der Entwicklung der weiblichen Sexualität existiert nicht nur im europäischen Kulturraum, in dem Sigmund Freud die Psychoanalyse entwickelte, sondern auch in außereuropäischen Kulturen wie ein Zitat aus »Das Heim und die Welt« von *Rabindranath Tagore* zeigt. Das Buch handelt von der Zeit der bengalischen Befreiungsbewegung in Indien. Bimala, die weibliche Protagonistin erzählt:

»Ich wußte, es würde eine Auseinandersetzung zwischen uns geben, als ich mich entschloß, meinen Gatten zu bitten, die ausländischen Waren von unserem Markt zu verbannen. Aber ich glaubte fest, ich würde es nicht nötig haben, ihn mit Gründen zu überzeugen, der Zauber, der von mir ausströmte, würde schon seine Wirkung tun. War nicht ein so gewaltiger Mann wie Sandip (der Revolutionsheld) mir hilflos zu Füßen gesunken, wie die mächtige Meereswoge, die sich am Ufer bricht? Und Amulja, der arme liebe Junge (ein Anhänger Sandips), als er mich zuerst sah, da war der Strom seines Lebens in roter Glut aufgeflammt, wie der Fluß beim Sonnenaufgang. Wahrlich, ich habe empfunden, wie einer Göttin zumute sein muß, wenn sie auf das strahlende Antlitz ihres Priesters herabschaut. In der stolzen Zuversicht, den diese Beweise meiner Macht mir gegeben, schicke ich mich an, meinem Gatten entgegenzutreten wie eine gewitterschwangere Wolke. Aber was geschah? Nie in all diesen neun Jahren sah ich einen so kühlen Blick in seinen Augen – wie der Wüstenhimmel, der trocken und teilnahmslos auf alles niederblickt. Es wäre mir eine solche Erleichterung gewesen, wenn er in Zorn aufgeflammt wäre. Aber ich sah keine Möglichkeit, ihm nahezukommen. Ich fühlte mich wie in einem Traum, in einem Traum, auf den nur das Dunkel der Nacht folgen würde« (1920, S. 264 f.).

Die emotionale Reaktion des Knaben auf die Rottersche Entwicklungsphase des Mädchens

Auf dem Umweg über die Entwicklung der sexuellen Identität der Frau kommen wir zum Mann zurück. Lillian Rotter schildert das Erleben des Knaben, wenn er in das Kraftfeld des Sex-Appeals eines Mädchens, in den Bannkreis der weiblichen Anziehungskraft gerät. »Der Knabe fühlt zweifellos, daß mit ihm ohne sein Dazutun, ja entgegen seinem Willen, etwas geschieht. Das Weib, das mit seiner Berührung, seiner Nähe, ja durch sein bloß phantasiertes Bild eine Erektion erregen kann – das ist die zauberhaft-unheimliche Wirkung, die im Märchen und Mythos, in Dichtung und Geschichte immer wiederkehrt: die Hexen und Nixen, Feen, Sirenen, das dämonische Weib – kulturell abgeschwächt ist es der Sex-Appeal« (1934, S. 28).

»Bei Knaben in der Pubertät habe ich in der Analyse erfahren können, mit welcher Wut und Verzweiflung, sie sich dieser Wirkung zu erwehren versuchen … Ich weiß nicht, ob die männlichen Patienten dem männlichen Analytiker gegenüber jemals eine so ganz außerordentlich starke Furcht an den Tag legen, wie es die ist, gegen die wir weiblichen Analytiker anzukämpfen haben. Manchmal hilft uns da auch die größte Passivität nicht: der Kranke fürchtet uns, weil wir eben da sind, unser bloßes Weibsein … Da kam mir die Einsicht, von welch wahrer Einfühlung die Frauen im Leben geleitet werden, wenn sie sich passiv stellen und damit ausdrücken wollen: Schau, ich bin ja die Schwache, ich fliehe dich; du bist der Starke, der Verführer – fürchte mich nicht. Das ist auch die beste Art, um die Furcht des Mannes vor der Frau zu beschwichtigen. Die Männer lieben demgemäß meistens eigentlich nur die sich verweigernde, sie fliehende – also die weniger gefährliche Frau« (S. 28 f.).

»Diese Furcht des Mannes vor der Frau wird uns vielleicht etwas verständlicher, wenn wir bedenken, daß sich der Mann, wenn er seine sexuellen Wünsche befriedigt, in narzißtischer Hinsicht bedroht fühlt. Muß er auch am Koitus nicht sterben, wie manche Tiere, so muß er doch sein Sperma, sein Geld, seine Freiheit opfern. Demgegenüber glaube ich, daß die Frau im sexuell-genitalen Leben gleichzeitig ihre narzißtischen Wünsche befriedigt: sie verschafft sich den Penis, das Sperma, das Kind und erlebt also wirklich die Vergrößerung ihres Körpers und ihres Wirkungskreises« (S. 30).

Wie kann der Knabe die Kränkung, Ohnmacht und Angst verarbeiten, die er in Reaktion auf die spezifische Entwicklungsphase des Mädchens erleben muß?

Der Ausgangspunkt ist das gleichzeitige Erleben von größter Lust, Erregung, Erektion und Machtlosigkeit; ein wichtiger Körperteil bewegt sich außerhalb der willentlichen Kontrolle. Der Knabe oder Mann versucht, sich Beweise zu verschaffen, daß auch er erregen oder verführen kann. Dazu gehören männliche Phantasien über ihnen sexuell hörige Frauen, aber auch die Exhibition als Perversion, der Voyeurismus und die Trias der Genitalsymptome Impotenz, Ejaculatio praecox und Genitalschmerzen.

Lillian Rotter schreibt zur männlichen Exhibition als Perversion: »Vielleicht dient die männliche Exhibition als Perversion ebendiesem Zwecke, bei dem Weib doch eine sichtbare Veränderung zu erreichen. Kann er auch bei ihnen keine Erektion zu sehen bekommen, so gelingt es doch, sie durch Exhibition zum Erröten, Erschrecken, zur Empörung oder Wut zu bringen, also doch zu erregen« (S. 29).

Aus der Sicht Lillian Rotters gehören Bettnässen, Ejaculatio praecox, Impotenz und Genitalschmerzen in *eine* Symptomenreihe. Diese neurotischen Symptome sind Teile eines Abwehrdispositivs, das zu große und zu lange dauernde körperliche Nähe des Mannes zur faszinierenden und erregenden Frau verhindert, um die alten Gefühle von Kränkung und Ohnmacht, nicht mehr Herr im eigenen Haus oder Körper zu sein, in Schach zu halten.

Beim Voyeurismus läßt sich der Mann im Versteckten, für die Frau unsichtbar, sexuell erregen, ohne der Frau die bewußt erlebte Befriedigung zu gönnen, daß sie ihn erregt. Bei der Trias der Genitalsymptome beraubt der Mann die Frau ihres sexuellen Genusses und bestraft sie derart für ihre Macht über ihn. Er setzt der Macht der starken Frauen die Gegenmacht der schwachen Männer, den Streik und die Verweigerung entgegen.

Zu den Verarbeitungsarten von Kränkung und Ohnmacht des Mannes gehören ebenfalls verschiedene kulturelle Formen des Gebärneids, wie der biblische Mythos der Erschaffung Evas aus einer Rippe Adams oder Versuche von Männern, Frauen klein zu halten und ihren Einfluß zu kontrollieren.

Der Myelos-Mythos als kulturübergreifender Ausdruck des Gebärneids der Männer

Es wird nun deutlich, daß der Gebärneid der Männer nicht nur der Wahrnehmung einer Differenz in den Lebensmöglichkeiten der Geschlechter entspricht, sondern auch den spezifischen Kränkungen und ihrer Verarbeitung, die in der Rotterschen Subphase der weiblichen Entwicklung im zukünftigen Mann ausgelöst werden können. Die Verbreitung des Myelos-Mythos[1] in allen bekannten Kulturen läßt Rückschlüsse auf die Allgegenwart dieser Erfahrungen zu. Dieser Mythos stellt demnach einen alle Zeiten und Kulturen umspannenden Bogen sämtlicher Formen des männlichen Gebärneids dar. Er basiert auf der irrationalen Vorstellung, daß der Kopf der Sitz der Fruchtbarkeit des Mannes ist und das Reservoir seines Samens. Das Gehirn ist dabei die größte Ansammlung von Myelos, wie er auch in geringerer Menge im Knochenmark, Rückenmark und Samen vorkommt. Der Same ist eine flüssige Myelos-Form. In ihr kann er nach außen abfließen, das heißt auch verlorengehen. Gemäß dem

1 vgl. hierzu LaBarre 1984

132

Myelos-Mythos ist Männlichkeit weniger ein qualitatives Phänomen als eine im eigenen männlichen Körper nicht regenerierbare Quantität, die durch Samenerguß geschmälert werden kann. Für die Männer stellen sich deshalb existentielle Fragen der Erschöpfung der Männlichkeit durch sexuelle Aktivität, des Ersatzes von verlorener Männlichkeit und die Frage der Erhaltung der eigenen Männlichkeit. Die Substitution der Männlichkeit geschieht in den Kulturen unterschiedlich: durch Trinken von Samen, durch Töten und Einverleibung des Myelos von Feinden (z. B. Kannibalismus) oder – in unserer Kultur – durch Enteignung von fremden Völkern (Kolonialismus, wirtschaftliche Ausbeutung) oder Enteignung von Menschen der eigenen Gesellschaft (z. B. der Frauen, Kinder).

Die Auswirkungen der Rotterschen Entwicklungsphase auf Mädchen und Knaben

Die Auswirkungen hängen bei Mädchen wie Knaben von den bisherigen Lebenserfahrungen ab.

Bei traumatischer Auflösung der Dualunion mit der Mutter kann im Unbewußten von Mädchen und Knaben die Gleichung »allein = zerstückelt, verstümmelt, kastriert« entstehen. Ein Mädchen wie ein Knabe, die sich nicht ganz fühlen, sondern versehrt, werden die Erfahrungen, die Lillian Rotter beschreibt, anders verarbeiten als Kinder, die heil und ganz aus der Separation mit der Mutter hervorgegangen sind. Je traumatischer der Aufbruch aus der Dualunion mit der Mutter vom Mädchen erlebt wurde, je dringlicher eine inzestuöse Fixierung an den Vater als Notbremse war, um so größer wird der narzißtische Gewinn der Phantasie sein, der männliche Penis gehöre zum weiblichen Körper, und um so eher wird er zu defensiven, anstatt progressiven Zwecken eingesetzt werden. Je traumatischer die Lösung von der Mutter für den Knaben war, je kastrierter er sich schon fühlt, um so bedrohlicher wird die fehlende Kontrolle über den Penis erlebt und um so heftiger müssen die Abwehrreaktionen ausfallen, die alle eine Vermeidung zu großer emotionaler Nähe zur erregenden Frau einschließen. Die Erfahrungen der Rotterschen Subphase werden wieder auf dem höheren Komplexitätsniveau der anschließenden Entwicklungsphasen integriert. Mädchen können die Möglichkeiten der Regulation ihres Narzißmus und ihrer Objektbeziehungen in ihr Selbstbewußtsein und ihren Stolz als Frau einbauen und in die kulturspezifischen Möglichkeiten des Verhaltens einfließen lassen (Flirt, Koketterie, Mode, Darstellung des weiblichen Körpers, Beruf). Oder sie können die neuen Möglichkeiten zu Abwehrzwecken einsetzen, zum Beispiel, um immer wieder entstehende narzißtische Lecks abzudichten und Depressionen abzuwehren. Eine weitere Möglichkeit besteht darin, diese weibliche Spielart völlig zu verdrängen.

Knaben können im späteren Leben eine diffuse Angst vor passiven Wünschen entwickeln; jeder Wunsch nach Passivität kann die Angst vor Verweiblichung, Verweichlichung, Unmännlichkeit auslösen, die durch eine Position der Härte, Kontrolle und Überlegenheit abgewehrt werden (Macho-Haltung).

Oder aber der spätere Mann kann den Umgang mit dem Erregtwerden und anderen passiven Wünschen als Gewinn genießen lernen und einen das Leben bereichernden Umgang damit entwickeln.

Die Brücken-Metapher

In ihrem Buch »Families and how to survive them« gebrauchen *Robin Skinner* und *John Cleese* für die Triangulationsphase eine Brückenmetapher: Auf der einen Seite eines Flusses, über die eine Brücke führt, steht die Mutter mit Tochter und Sohn, auf der anderen Seite der Vater; im Rahmen der Entwicklung einer sexuellen Identität muß der Sohn auf

134

die andere Flußseite zum Vater wechseln, während die Tochter auf derselben Flußseite Distanz zur Mutter gewinnen muß.

Zu einer Zeit, in der sich der Sohn auf die Brücke wagt, sich von der Mutter entfernt und dem Vater annähert, zu einer Zeit, da er sich seines männlichen Körpers bewußt zu werden beginnt, der ihn mit den Vätern und allen Männern verbindet, gerät er unter die volle Anziehungskraft des weiblichen Geschlechts.

Was geht im Sohn vor, wenn er die Brücke zu überqueren beginnt? Er hat Angst vor dem Neuen und Unbekannten, er verläßt den schützenden Kreis der Mutter. Er ist gleichzeitig traurig, die Mutter der frühen Kindheit aufgeben zu müssen, aber auch sehr aufgeregt über all das Neue, Spannende, was ihn auf der anderen Seite des Flusses erwartet. Er muß aufbrechen, ohne sicher zu sein, auch wirklich anzukommen. Er ist auf Hilfe von beiden Seiten der Brücke angewiesen.

Genau in diesem Moment – sagen wir mit 2½ bis 3 Jahren – treten die Schwester oder andere kleine Mädchen in Aktion; ausgerechnet auf halbem Wege, mitten auf der Brücke, auf dem Höhepunkt widersprüchlicher Gefühle, Ängste und Sehnsüchte, erlebt der Sohn das Ohnmachtstrauma, nicht Herr über jenes Organ zu sein, das für ihn Hoffnungsträger ist, auch einmal seinen Platz in der Gemeinschaft der Männer zu finden. Sehnsucht nach der Mutter der Kindheit, die Trauer über ihren Verlust, die faszinierende Attraktion des Weiblichen, das narzißtische Ohnmachtserlebnis, daß Frauen seinen Penis in Bewegung versetzen können, so als wäre er Teil ihres Körpers, und die Sehnsucht, die Notwendigkeit, unter allen Umständen ein Mann werden zu wollen, all diese verwirrenden Gefühle bilden eine brisante Gefühlsmischung für den Jungen. Im Moment einer fragilen Übergangsphase finden sie ihren Niederschlag in einer männlichen Anpassungsorganisation, die durch den Myelos-Mythos versinnbildlicht wird.

Die Brückensituation und ihre Dynamik wiederholt sich in jeder späteren Aufbruchssituation im Leben: Immer braucht der Aufbrechende idealerweise die Ermutigung einer »Heimatbasis« und die Unterstützung eines Menschen am Ziel, der ihn freudig willkommen heißt. Eine besondere Schwierigkeit bei der Überquerung der Brücke ist das Gefühl des Aufbrechenden, eine trostlose und verzweifelte Heimatbasis (Mutter) zurückzulassen. All diese Überlegungen gelten in ganz besonderem Maß für den vielleicht größten Aufbruch im Leben, die Pubertät und Adoleszenz.

Literatur

LaBarre, W. (1984): Myelos, a stone age superstition about sexuality. New York.
Rotter, L. (1934): Zur Psychologie der weiblichen Sexualität. In: Sex-Appeal und männliche Ohnmacht. Freiburg 1989, S. 19–31.
Skinner, R.; Cleese, J. (1983): Families and how to survive them. London. (Deutsch: ... Familie sein dagegen sehr. Paderborn 1988.)
Tagore, R. (1920): Das Heim und die Welt. München.

Ulrike Körbitz

»Lustlosigkeit«. Nichts bewegt sich. Bewegt sich nichts?

Sechs Thesen[1]

»Schon der Ausdruck ›lust-los‹ selbst ist aufschlußreich, denn er bezieht sich nur auf etwas Fehlendes, verneint sowohl das handelnde Subjekt als auch den Beziehungsaspekt und leugnet einen Konflikt: Er konstatiert ein Fehlen von Lust dort, wo eigentlich welche sein sollte, sagt aber nichts über das, was ist. Es fragt sich, worauf die Frau Lust haben sollte, warum sie aber Unlust verspürt, und wem diese Lust eigentlich fehlt« (Lange 1994, S. 94f.)

Dem vielbeachteten Phänomen einer angeblich im Steigen begriffenen sexuellen »Lustlosigkeit« (vgl. Schmidt 1993) kann erst dann sinnvoll auf den Leib gerückt werden, wenn wir uns der Entstehung des Triebhaften und damit den Ursprüngen sexuellen Begehrens annähern – *den* zentralen Fragen der Psychoanalyse. Es gibt viele Facetten dieses Phänomens, verschiedene Ausprägungen, keine zu vereinheitlichende Genese – aus diesen Gründen können wir »Lustlosigkeit« weder als Symptom im eigentlichen Sinn noch als Diagnose betrachten. Weiters erscheint das langsame Absterben des Begehrens zwischen zwei heterosexuellen Partnern im Rahmen der abendländischen Ehe- und Familienordnung kaum als etwas historisch Neues, sondern eher als Normalfall. Neu ist die öffentliche Sorge darum und die individuelle Suche

---

1 Die Thesen sind meine zusammenfassenden Ableitungen aus einer Arbeitsgruppe, die ich gemeinsam mit Anna Koellreuter (Zürich) gestaltet habe; ihr und den Kolleginnen und Kollegen aus der Sexualberatungsstelle danke ich für kritisches Gegenlesen.

nach professioneller Hilfe. Mit der Feststellung »Ich habe keine Lust mehr auf Sexualität mit meinem Mann, da muß etwas faul sein bei mir« formulieren in erster Linie Frauen ihren Beweggrund, sich an Sexualberatungsstellen, Sexualtherapeuten, manchmal auch an Gynäkologen zu wenden. Laut Auskunft verschiedener Psychoanalytiker-Kollegen sehen sich diese in der Privatpraxis jedoch selten mit jenem Beweggrund als primärem Motiv für Behandlungswünsche konfrontiert. Dementsprechend konnte ich in der Literatur keine Erörterung dieser ansonsten populären Thematik aus psychoanalytischer Sicht finden. Ob sich hierin vernünftige Zurückhaltung spiegelt oder ob daran ein Indiz für die »Verflüchtigung des Sexuellen aus der Psychoanalyse« (P. Parin) festzumachen ist, für die Unfähigkeit der Analytiker, zu Sexualfragen Stellung zu nehmen, bleibe dahingestellt.

Was ist nun das Besondere, Spezifische, Einzigartige des psychoanalytischen Prozesses? Prinzipiell liegt es in der Begegnung mit unvermuteten, weil: unbewußten triebhaften Bewegungen zwischen Menschen, die sich als Fremde gegenübertreten. Selbst wenn sie das gleiche Geschlecht haben sollten, ist diese fundamentale Fremdheit gegeben. Das Wesen der Analyse sei das Sexuelle, Triebhafte in der Übertragung, betont Jean Laplanche[2] und stellt klar, daß es sich hierbei um unbekanntes Terrain für *beide* Beteiligten handelt: Das Sexuelle bietet sich der Analytikerin als »Rätsel« in der Übertragung der Analysandin dar. Das Rätselhafte bezieht sich auf die ursprüngliche infantile Situation (Urverführung), in der das nicht vorbereitete Kind mit unbewußten sexuellen Botschaften (rätselhafte Signifikanten) der Erwachsenen konfrontiert ist, die es noch nicht entschlüsseln kann. Über diese Botschaften beginnen sich jene (Ur-)Phantasien zu gestalten, die schließlich zur Subjektkonstitution führen. Die Analytikerin kann den analy-

2 Er expliziert dies in seiner Schrift »Von der Übertragung und ihrer Provokation durch den Analytiker« (vgl. Laplanche 1996, S. 177–202). Genauere Erläuterungen des hiermit Gemeinten finden sich bei Koellreuter 1997, S. 139 ff.

tischen Prozeß nur eingehen und steuern, sofern sie die Beziehung zu ihrem eigenen sexuellen »Rätsel«, zur Fremdheit ihres eigenen Unbewußten aufrechterhalten kann. In der Übertragung geht es laut Laplanche um die Beziehung zum Rätsel des/der Anderen, ihr Fundament sei die Verschiedenartigkeit der Begehren von Analysandin und Analytikerin. Ich benütze deshalb ausschließlich die weibliche Form, weil als Bezugsrahmen für die weiteren Ausführungen der gleichgeschlechtliche psychoanalytische Prozeß zwischen zwei Frauen dient (ohne hier genau zwischen psychoanalytischen Therapien und Analysen differenzieren zu können). Ich beziehe mich auf eine zweistündige Therapie mit einer 26jährigen Frau, die etwa 90 Stunden dauerte und die im Sitzen stattfand. Orientierungspunkt ist die folgende Frage: Wie spiegelt sich die sexuelle Lustlosigkeit der Analysandin in der psychoanalytischen Begegnung mit mir als Analytikerin? Diese Begegnung zeichnet sich unter anderem dadurch aus, daß die emotionalen Bewegungen beider Beteiligter als Ausdruck des Triebhaften verstanden und in Sprache überführt werden.

Ich beziehe mich auf die Charakterisierung der Verhältnisses von Triebregungen und Emotionalität, wie sie Fritz Morgenthaler vornimmt: »Die Triebregungen sind ungerichtet, ziellos, zeitlos, unkonditioniert und vor allem unbewußt. Das einzige, was wir über sie aussagen können, betrifft ihre Tendenz. Die Tendenz der Triebregungen ist Bewegung, die in der Emotionalität sichtbar und spürbar wird. Die triebhafte Bewegung des Primärprozesses schwingt mit seinem emotionalen Gehalt in allem mit, was wir tun, in jeder Geste, in jedem Gedanken, in allem, was wir vermitteln und was wir erleben. Nur das läßt uns lebendig erscheinen« (Morgenthaler 1984, S. 139).

1. Die Analysandin scheint mit sich selbst im Grunde gar kein Problem zu haben. Primärer Konfliktherd für sie sind die (Sexual-)Wünsche des anderen, die sie nicht befriedigen kann.

Die Analysandin schildert eine prinzipiell harmonische, zärtliche Beziehung zu ihrem Freund, ohne gröbere Auseinandersetzungen und mit Perspektive auf gemeinsame Zukunft; die Sexualität ginge ihr nicht ab – im Gegenteil. Das eigentliche Problem habe ihr Partner, der über fehlende Befriedigung klage, Druck ausübe, sich jedoch nicht in Behandlung begeben würde, weil er seine Wünsche ganz normal finde, was ja sicher auch so sei. Zunehmende Schuldgefühle seien der Grund für ihren Therapiewunsch und die Suche nach einer Antwort auf die Frage, was eigentlich mit ihrer Lust geschehen sei – früher einmal wäre sie nämlich vorhanden gewesen. Bereits in der ersten Begegnung finde ich mich in der Position der (oder des?) Anderen wieder, die/der die Lust in ihr erwecken soll. Die Gefahr des Mißlingens der Verführung, die das Problem des männlichen Partners darstellt, könnte also in Kürze zu meiner eigenen Schwierigkeit werden. Folgende Passage, es handelt sich um den Beginn der 9. Stunde, ist nicht untypisch für den Auftakt unserer Begegnungen und kann das hiermit Gemeinte veranschaulichen:

(Schweigen, Lächeln, Augenkontakt)
Frau P.: Ich weiß absolut nicht, was ich heute sagen soll. (Pause)
Analytikerin: Hm, was Sie »sollen« ... in welcher Stimmung sind Sie denn gerade hierhergekommen?
Frau P.: Ich weiß nicht, ich laß mich überraschen.
Analytikerin: (erstaunt) Überraschen – wovon?
Frau P.: (lächelnd) Wie Sie mit mir heute reden werden! (erwartungsvoller Blick)

Die Atmosphäre zwischen uns ist von leichter Koketterie geprägt und scheint insgeheim von der Frage durchsetzt, wer hier eigentlich von wem was will; wer sich durch Initiative »verrät«.

2. Die Präsenz der Analytikerin, die offensichtlich etwas hören möchte, kann im analytischen Prozeß mit vielfältig deter-

140

minierten, elterlichen Sexualwünschen in Verbindung gebracht werden, deren Übermacht sich die Analysandin zu ent-
ziehen versucht.

Diesbezügliche Phantasien, die besonders zu Stunden-
beginn mit dem Widerstand gegen das Sprechen verbunden
sind, ranken sich bei meiner Analysandin um eine alles auf-
saugende, passive mütterliche Vagina, die immer schon durch
die Erzählung der Tochter gefüttert/befriedigt werden wollte;
oder um den als zudringlich, beengend, einschüchternd erlebten väterlichen Phallus, der sich am töchterlichen Körper
(wenn auch nur verbal) befriedigen will und ihre Erzählung
als erotischen Auftakt, als Verführung zu seiner Ausbreitung
benützt. Angesichts dieser »Aufladungen« konnte und kann
die Analysandin keine eigenen, durch Phantasiebildungen
gestützten Wünsche entwickeln. Sie verspürt die Tendenz der
stillhaltenden Verweigerung sowie den Impuls nach unbe-
merkter, körperlicher Entfernung auch jetzt, in der Beziehung
zu mir. Beides kann hier, zwischen uns als ein Wunsch nach
Freiheit im eigenen Raum verstanden werden. Dieser Raum
befindet sich allerdings im Haus der Eltern, von denen sich die
Analysandin (noch) nicht trennen kann[3]. Die Tendenz der
unbemerkten Entfernung der Analysandin überträgt sich
sowohl auf die Partnerbeziehung als auch auf die Beziehung
zur Analytikerin.

3. Eine Analyse, in der die Hoffnung der Analysandin, im
genitalen Sinne zu »funktionieren«, von der Analytikerin als
unbewußter Auftrag angenommen wird, birgt die Gefahr des
Scheiterns in sich.

Die Analytikerin würde in ihrer eigenen unbewußten

---

3 Anhand einer Fallgeschichte »Die Katze«, vorgestellt auf der
Tagung des »Arbeitskreises für feministische Psychoanalyse« (Durbach
1994), plädierte Eva Humpert für den Einbezug der Metaphern von »Raum«
und »Bewegung« in den Deutungsprozeß, weil hiermit die Bezüge für weibliche Subjektkonstitution begrifflich adäquater, unabhängig vom männlichen
Körper, gefaßt werden könnten.

Tendenz vom Unbewußten der Analysandin in der Position der wünschenden Mutter, des bedrängenden Vaters beziehungsweise des begehrenden Partners erkannt und in der Folge »abgeschmettert« werden müssen. Zugleich wird die für sie unerträgliche Dichte dieser Konstellation von meiner Analysandin selbst im analytischen Prozeß provoziert. Beispielsweise ist sie irritiert von der Aufforderung, »einfach« zu erzählen, was ihr durch den Kopf geht, was sie gerade beschäftigt. Sie neigt zu der Feststellung, es sei alles in Ordnung in ihrem Leben, nur mit der Sexualität ändere sich leider nichts, und sie frage sich, wie ihr die Analyse eigentlich helfen könne (was also das Begehren der Analytikerin ist). Um der oben skizzierten Falle des Scheiterns zu begegnen, hat die Analytikerin verstärkt auf die Beweglichkeit ihrer eigenen assoziativen Möglichkeiten zu achten, ohne dem Impuls nachzugeben, für die Analysandin aktiv werden zu müssen. So kann etwa das Zulassen von Schweigephasen seitens der Analytikerin bedeuten, durch das Freilassen ihrer eigenen Phantasien, durch die Entfernung aus dem unmittelbaren inneren Kontext mit der Analysandin dieser wiederum dasselbe zu erlauben. Umgekehrt kann die Analytikerin im Schweigen für sich selbst überprüfen und reflektieren, was die Analysandin ihr – sprachlos – erlaubt; ob sie ihr Abschweifen als bedrohlichen Rückzug, als »Fehler« wertet oder ob es grundsätzlich der Aufrechterhaltung von Beweglichkeit im analytischen Prozeß dienen können wird (die wiederum mit der Einführung eines gemeinsamen »Dritten« zu tun hat). Inhalte und gefühlsmäßige Tönungen der Phantasien der Analytikerin während dieser sprachlosen Phasen sind von großer Bedeutung für die Klärung des Triebgeschehens.

4. Die – sinngemäße – Deutung, die Analysandin erwarte unbewußt, die unerklärlichen Gründe für ihre verweigernde Unlust auch hier, in der Begegnung mit der Analytikerin vorzufinden, schafft jene irritierende Verfremdung, die der analytische Prozeß benötigt, um bedeutungsvoll zu werden.

Das Unerklärliche der sexuellen Lustlosigkeit wird in der Unmittelbarkeit der Beziehung zwischen Analysandin und Analytikerin erlebbar. Es tritt beispielsweise im Widerstand meiner Analysandin zutage, die Initiative des Sprechens aus eigenem Antrieb zu übernehmen, obwohl sie von sich aus die Therapie aufsuchte und nicht einmal ungern herkommt. Zugleich jedoch bekommt die »Lustlosigkeit« den Status des Fremdartigen, Rätselhaften, auf das sich unsere gemeinsame Neugier richten kann. Als Analytikerin weiß ich genausowenig wie die Analysandin.

5. Die sexuelle Unlust dient der Analysandin als Mittel der geheimen Rebellion.

Es liegt ihr eine Erfahrung als töchterliches Selbst-Objekt der Mutter zugrunde. Der Vater war aufgrund emotionaler Abwesenheit weder für die Tochter selbst ausreichend besetzbar, noch konnte er als ein von der Mutter begehrtes (Liebes-)Objekt erfahren werden. Gegen die Vereinnahmung durch narzißtische Bedürfnisse der Mutter konnte sich die Tochter aufgrund ihrer Abhängigkeit nicht offensiv, sondern nur insgeheim zur Wehr setzen. In Gestalt einer »festen«, sicheren, auf Eintracht ausgerichteten Zweierbeziehung kehrt diese Gefahr der narzißtischen Vereinnahmung durch die Mutter zurück: Deren »Ansinnen« wird zugleich auf den männlichen Partner übertragen und an ihm bekämpft. In seinen immer wiederkehrenden Versuchen der sexuellen Kontaktaufnahme verdichtet sich für meine Analysandin ein ursprünglich mütterlicher Wunsch, dem sie nicht offensiv, aggressiv entgegentreten kann, da sie die Trennung fürchtet; statt dessen versucht sie dieses am Partner wiederentdeckte Begehren der Mutter möglichst unauffällig, durch permanenten Widerstand langsam von innen auszuhöhlen, ihm quasi das Wasser abzugraben[4]. In Gestalt der Analytikerin trifft die

4 Eine andere Möglichkeit für die Frau, dem Begehren ihrer Mutter zu begegnen, ist die Identifikation mit ihr. Die möglichen Konsequenzen dar-

lustlos gewordene Frau nun auf ein gleichgeschlechtliches Gegenüber, das ihr – zunächst – zeigen kann, mit welcher Vehemenz sie selbst diese zugleich gefürchtete Vereinnahmung einfordert: nämlich, in der Analytikerin eine »Mutter« zu finden, die ihr sagt, was sie von ihr hören wolle, die sie (die Analysandin) zur Belebung ihrer phantasielos gewordenen Existenz benötigt und mit ihr immer wieder »verkehren« will, die ihr Körperinneres, ihre Gedanken zu kontrollieren beabsichtigt, die Aggression tabuisiert und Loslösung sowie alle Arten von Geheimnisbildung zu verhindern weiß ... Können die Projektionen auf die Analytikerin durchgearbeitet werden, gelangen wir an eine Schwelle, von der aus sich wesentliche neue Perspektiven eröffnen.

6. Dem Phänomen der Lustlosigkeit ist eine kulturell mitproduzierte Phantasieschwäche zugeordnet.

Folgende Überlegung scheint mir für diese Behauptung wesentlich: »Erst die Vorstellung in der Phantasie macht die Triebe sexuell, und so wird auch verständlich, daß Lust und Begierde nur über die Phantasien aufrechterhalten werden können« (Koellreuter 1997, S. 50).

Innere Vorstellungsbilder, die dem diffusen trieblichen »Existieren« erst richtungsweisende Struktur geben und im Zusammenspiel mit Phantasietätigkeit zu Begehren, Triebwünschen (durchaus im polymorph-perversen Sinne), Aggression führen, konnten bei meiner Analysandin nur mangelhaft ausgebildet werden. Aus diesem Grund wagte sie sich lange Zeit nicht mit der Frage zu beschäftigen, was an ihrem Partner sie selbst eigentlich begehrenswert findet beziehungsweise früher fand. Ebenso registrierte sie bei sich ein fast vollständiges Fehlen erotischer Vorstellungen, Erinnerungsbilder, Ma-

aus erläutert Margret Hauch im Zusammenhang mit geschlechtsspezifischer Arbeitsteilung in der Sexualität: »... der Geschlechtsakt bekommt eine doppelte Funktion: einerseits hygienische Pflichtpflegehandlung (fast im Sinne von ›Trockenlegen‹) und andererseits Liebesbeweis, der möglichst lustvoll erbracht werden soll« (1992, S. 47).

sturbationsphantasien. Was den analytischen Prozeß im allgemeinen angeht, wird dieser Mangel nun nicht durch das ständige Sprechen über Sexualität, also die Thematisierung des manifest Sexuellen ausgeglichen, wie dies in verhaltenstherapeutisch-orientierten Paargesprächen auf zermürbende Weise geschieht (vgl. hierzu Arentewicz u. Schmidt 1986). Vielmehr geht es im Rahmen der analytischen Beziehung um die Herausbildung eines neuartigen zwischenmenschlichen Raumes. Hier werden die vielfältigen, emotionalen Bewegungen beider Beteiligter nicht nur als Ausdruck des Triebhaften verstanden, sondern als solche in der Folge auch »abgebildet«: Es handelt sich um die Entwicklung innerer Bilder (Triebrepräsentanzen), die sich entlang des emotional wie libidinös besetzten Umgangs miteinander formen und die dem verbalen Austausch nur begrenzt zugänglich sind. Erkennbar sind die Folgen dieses inneren Prozesses in der veränderten Triebdynamik zwischen Analytikerin und Analysandin. In unserem Fall erfuhr die verlorene Lust auf den Mann zunächst eine Übersetzung hin auf mich: Meine Analysandin konnte ihren Impuls der körperlich-sexuellen Verweigerung insofern auf die Beziehung zu mir übertragen, als sie ihre Initiative des Sprechens mit mir (als Auftakt der Stunde) von der Bedeutung her mit einer Zustimmung zum sexuellen Akt verknüpfte. Ein Akt, der nicht ihren Wünschen, sondern meinen Wünschen entspricht, die von ihr als genauso »erwachsen« erlebt werden wie die sexuellen Bedürfnisse ihres Partners. Ihren Impuls der Verweigerung konnte die Analysandin nun als Antwort auf ihr verinnerlichtes Diktat verstehen, die Wünsche des/der Anderen erahnen und befriedigen zu müssen. Dieses Diktat wurde für sie in der Beziehung zu mir Stück für Stück obsolet. In der Folge entstanden nicht unmittelbar Gefühle der Befreiung, sondern erst einmal eine Art Irritation im Trennungsschmerz. Trennung bedeutete hier die innere Loslösung aus dem unbewußt erwarteten Arrangement des Wünsche-Erfüllen-Müssens. Sie führte zur Konfrontation mit dem Alleinsein.

Auf dieser Basis kann der analytische Prozeß in seiner fundamentalen Andersartigkeit erfahren werden. Zum einen ist er von neuen Fragestellungen durchsetzt: Was könnte das Begehren der Analytikerin sein? Was war das Begehren von Vater und Mutter? Was ist mein Begehren? Zum anderen kann die Frau in diesem Rahmen realisieren, daß sie ihren inneren, insbesonders: innergenitalen Raum aneignen, besetzen, begrenzen, kontrollieren kann und daß diese Möglichkeiten körperlich verankert sind[5]. Welchen Ausgang das vermeintliche Triebschicksal der Lustlosigkeit nimmt, sobald libidinöse und aggressive Energien in die zu entdeckenden (Spiel-)Räume des Phantasierens eingebunden werden, ist prinzipiell ungewiß. Veränderungen und Bewegungen in der inneren Realität korrespondieren bestenfalls mit den als notwendig erkannten, möglicherweise unbequemen Umgestaltungen der äußeren Verhältnisse.

Literatur

Arentewicz, G.; Schmidt, G. (Hg.) (1986): Sexuell gestörte Beziehungen. Konzept und Technik der Paartherapie. Berlin.
Hauch, M. (1992): Meine Lust, deine Lust, keine Lust. In: 40 Jahre PRO FAMILIA (Tagungsband). Frankfurt a. M., S. 43–52.
Humpert, E. (1994): Die Katze. Berlin. (Unveröffentlichtes Manuskript)

5 Ich beziehe mich hier auf eine Formulierung von Ruth Waldeck im Rahmen der Tagung »Psychoanalyse der Weiblichkeit« (Salzburg 1994). Sie sprach vom »toten Becken«, von einer Lähmung im Unterleib, die zur Folge hätte, daß libidinöse wie aggressive Triebregungen für Frauen diffus und grenzenlos im unkontrollierten Raum stünden. Deshalb sei für sie das Experimentieren mit den Funktionen der Muskulatur besonders wichtig und, auf dem Weg der Masturbation, die Begegnung mit der eigenen Phantasie. »Befreiung« wäre, laut Waldeck, sich selbst auf dem Weg zum Orgasmus in allen Positionen der Urszene, auf allen Organisationsstufen der Libido, aktiv und passiv, phantasieren zu können.

Koellreuter, A. (1997): Das Tabu des Begehrens. Zur Verflüchtigung des Sexuellen in Theorie und Praxis der feministischen Psychoanalyse. Klagenfurt. (Unveröffentlichte Dissertation)

Lange, C. (1994): Das Gleiche ist nicht dasselbe. In: Zeitschrift für Sexualforschung 7: 52–61.

Laplanche, J. (1996): Die unvollendete kopernikanische Revolution in der Psychoanalyse. Frankfurt a. M.

Morgenthaler, F. (1984): Homosexualität, Heterosexualität, Perversion. Frankfurt a. M.

Schmidt, G. (Hg.) (1993): Jugendsexualität. Sozialer Wandel, Gruppenunterschiede, Konfliktfelder. Stuttgart.

Eva Breidenbach-Fronius, Ulrike Hutter, Michael Schreckeis

»Jux und Tollerei«

Die Sexualberatungsstelle Salzburg – ein psychoanalytisches Projekt

In Salzburg eine Sexualberatungsstelle zu gründen, zu betreiben und sie auch genau so zu nennen, war 1986 zugleich Wagnis und Ärgernis. Damals waren wir Österreichs einzige Einrichtung mit diesem Namen. Die Vorläuferinnen, in den 20er Jahren von Wilhelm Reich in Wien gegründet, wurden bereits im Austrofaschismus so gründlich liquidiert, daß selbst die Idee ausgerottet schien. Den radikal-aufklärerischen Gehalt der Psychoanalyse wieder mit sexualpolitischem Engagement in Verbindung zu bringen, erschien uns in Österreich, insbesonders in der klerikal-konservativen Kleinstadt Salzburg, besonders dringlich und spannend. Der Name »Sexualberatungsstelle« war aus mehreren Gründen schon von Beginn an problematisch. Eine solche Einrichtung durch die öffentliche Hand, durch öffentliche Gelder subventionieren zu wollen, brachte schnell die Vorurteile einer konservativ-katholischen Regierungsmehrheit ans Tageslicht. Unsere Arbeit wurde vorwiegend mit Schlüpfrigkeit, mit perversen Sexualpraktiken oder mit Abtreibung in Verbindung gebracht.

Neben politischen sahen wir auch andere Schwierigkeiten mit unserem Namen – eine unerwünschte Zuordnung zu symptomorientierten Konzepten in der Behandlung von Sexualstörungen. Der Name »Sexualberatungsstelle« suggeriert, daß es eine zu behandelnde Sexualität gibt, die auf eine Symptomatik reduziert werden kann. Dieser Schwierigkeit begegnen wir tatsächlich häufig in der konkreten Beratungssituation, wenn der oder die Betroffene die Entfernung eines unerwünschten Symptoms von uns erwartet.

Die Beratungsstelle sollte zu Beginn sexualpolitisch wirksam sein und gleichzeitig Hilfe für die einzelnen bieten. Diese Gewichtung wandelte sich im Lauf der Jahre immer wieder und verschob sich hin zu einer größeren Konzentration auf die therapeutische Arbeit.

Sexualpolitik findet heute ein anderes Umfeld vor als noch zu Wilhelm Reichs Zeiten. In der Medien- und Modezivilisation herrscht ein atmosphärisches Gemisch aus Kosmetik, Pornographie, Konsumismus, Illusion, Sucht und Prostitution. In der Warenwelt scheint nichts mehr ohne Sexualität zu gehen. Sie ist zum »Universalornament« der Marktwirtschaft geworden (Sloterdijk 1983, S. 280). In diesem Klima wird Aufklärung zu einem medialen Faktor. Von der Jugendzeitschrift bis zur Fernsehsendung, vom Pfarrer bis zur Schule – alle machen es. Die Schwierigkeit liegt heute eher darin, zwischen Trieb, Hemmung und Begehren einen befriedigenden, individuellen Weg zu finden. Die durch die Medien erteilte Absolution zur Sexualität hinterläßt große Verunsicherung. So scheint es uns wichtig, durch die Möglichkeit von Beratung und Therapie der Sexualität wieder ein Stück Intimität zurückzugeben.

Im Namen »Sexualberatungsstelle« war und ist der Anspruch enthalten, das Sexuelle als wesentliche Konstante der Persönlichkeit zu sehen – ein zentraler Bestandteil menschlicher Lebensäußerungen, egal in welchem Alter und in welcher Form. Die Unterscheidung zwischen dem Sexuellen, der noch formlosen Triebkraft und der manifesten Sexualität sehen wir als ein bedeutendes Theorem für unsere Arbeit. Für die Behandlung von sexuellen Funktionsstörungen heißt das, daß wir unseren Blick weg von den funktionalen Abläufen wenden hin zu dem, was das Sexuelle im Klienten und unserer Interaktion mit ihm an Spannung und Bewegung zeigt. Der Fokus richtet sich also nicht auf die schnellstmögliche Beseitigung des Symptoms, sondern auf den Prozeß des Verstehens und Integrierens des jeweilig individuellen Triebgeschehens und der damit verbundenen Abwehr. Das Sexuelle wird in der Psychoanalyse als konflikthaftes Geschehen begriffen – entgegen vieler Konzepte, die Störungen des sexuellen Erlebens nur als Antwort auf hemmende oder krankmachende Erziehung und Umwelt sehen.

Der Name »Sexualberatungsstelle« ist geblieben, er hat überdauert. Nach langen Bemühungen wurden wir 1989 als Familienberatungsstelle anerkannt. Die Subventionspolitik ist, dies sei am Rande erwähnt, immer eine Frage politischer Mehrheitsverhältnisse und der damit verbundenen Gesundheitspolitik. Sexualität scheint kein Liebkind konservativer Parteien zu sein. Die Berechtigung, sich mit diesem zentralen Lebensthema zu befassen, wird meist erst dann gesehen, wenn Sexualität mit Gewalt gepaart ans Licht der Öffentlichkeit tritt. Ansonsten ist Beratung und Therapie im Bereich der Sexualität »Jux und Tollerei«, so der Salzburger Bürgermeister in einem Subventionsgespräch. Es sei nicht zu verantworten, meinte er, in Zeiten, in denen an allen Ecken und Enden gespart werden müsse, in diesen Bereich zu investieren.

Ganz anders verhielt es sich seit der Gründung der Beratungsstelle mit unserer Inanspruchnahme. Das Beratungs- und Therapieangebot wurde von Menschen aus allen Schichten und Altersgruppen immer selbstverständlich genutzt. Sehr wesentlich in diesem Kontext ist der ökonomische Faktor. Wir haben die Praxis von psychoanalytischer Beratung und Therapie so organisiert, daß sie auch für sozial Benachteiligte zugänglich und finanzierbar ist.

Die Arbeitsweise an der Sexualberatungsstelle Salzburg, die in der klinischen Arbeit auch den gesellschaftspolitischen Ort mitreflektiert, entspricht einer Tradition, die in den 80er Jahren in der »Werkstatt für Gesellschafts- und Psychoanalyse« entstanden war. Die Lehrtätigkeit des Universitätsprofessors und Psychoanalytikers Igor A. Caruso an der Universität Salzburg prägte mehrere Studentengenerationen und damit auch die psychosoziale Szene dieser Stadt. Das anregende Klima des forschenden Interesses an kulturkritischer Psychoanalyse war der Nährboden für die Sexualberatungsstelle. Aus dem Engagement um die Nachfolge Carusos am psychologischen Institut kam es zur Gründung des außeruniversitären Vereins »Werkstatt für Gesellschafts- und Psychoanalyse« (vgl. Institutsgruppe Psychologie 1984). Hier sollten die Fundamente der Freudschen Psychoanalyse – Libidotheorie und Kulturkritik – in selbstorganisiertem psychoanalytischem Forschen und Lernen weitergeführt und später auch noch eine klinische Ausbildung ermöglicht werden. Diese »Werkstatt« bildete für die Gruppe von Psychologieabsolventen, die das Projekt »Sexualberatungsstelle« in Angriff nahm, den intellektuellen und organisatorischen Rahmen. Kritik und Ablehnung kamen aber auch aus den eigenen Reihen. »Therapeutismus«, »Psychoboom« und »Geschäftemacherei« waren Schlagworte gegen unsere klinische Arbeit.

Aus dieser Auseinandersetzung blieb der Anspruch, daß Behandlungstechnik immer auch den gesellschaftlichen Hintergrund der Symptomatik des einzelnen miteinbezieht. So zeigt der schwierige Prozeß, der für eine Frau zu einer Abtreibung führt, einige dieser Aspekte auf. Es gibt das individuelle Leiden am Schwangerschaftsabbruch, Trauer, Ängste und Schuldgefühle. Aber dieses persönliche Geschehen hängt von umgebenden Einflüssen ab. Die gesellschaftliche Werthaltung, die ethische Haltung der Ärzte, der Familie, des Mannes können die individuellen Faktoren wesentlich verschärfen oder entschärfen. Abtreibungsgegner vor den Toren einer Abtreibungsklinik, Anschläge auf Abtreibungen durchführende Ärzte – diese Szenarien verstärken den innerpsychischen Druck auf die betroffenen Frauen. Sich hier nur auf das klinische Verständnis der inneren Prozesse zu beschränken, hieße sowohl menschlich unangemessen zu reagieren als auch technische Behandlungsfehler zu machen.

Psychoanalytisches Denken und Arbeiten im Rahmen einer Institution ist unseren Erfahrungen nach in einem konfliktorientierten Kollektiv ohne Leitung am besten aufgehoben. Arbeitsbereiche, die über die therapeutische Arbeit hinausgehen, werden von uns nach Interesse und speziellen Fähigkeiten aufgenommen und erledigt. Durch den ständigen Austausch im Team bildet sich eine dynamische Arbeitskultur. Einzelne Arbeitsbereiche bleiben damit nicht nur Einzelqualifikationen, sondern werden durch die diskursive Rückbindung zur ständigen Fortbildung aller Teammitglieder und zu einem wachsenden Kompetenzbereich des gesamten Teams. Es ergeben sich dadurch immer wieder wechselnde sachbezogene Hierarchien. Gleichzeitig bleibt der Anspruch einer formal nichthierarchischen Teamstruktur erhalten. Konflikte als Produkt dieses Arbeitsstils benötigen supervisorisches Bearbeiten und immer wieder psychodynamisch reflektierte Teambeziehungen. Unsere Arbeitsweise braucht eine transparente Minimalstruktur und größtmögliche Produktionsfreiheit, die in formal hierarchisierten Arbeitsverhältnissen schwer denkbar ist. Eine kollektive Form psychoanalytischer Praxis zu gestalten, die neben der klinischen Arbeit immer auch Weiterbildung und Forschung integriert wissen will, war ein zentrales Anliegen der Gründerjahre. Sie hat sich nach zehnjähriger Erfahrung noch um vieles professionalisiert.

Das Sprechen über Sexualität ist bereits sexuell. Dies wird mitunter zu einem sehr eindringenden und bewegenden Geschehen für die Analytikerin oder den Analytiker. Um einer Immunisierung von anstrengenden, teilweise ängstigenden, die eigene Abwehr bedrohenden Aspekten zu entgehen, braucht es die Einbettung in ein Team, das sowohl psychoanalytische Technik in Form von Übertragungs- und Gegenübertragungsanalyse beherrscht, aber darüber hinaus auch Rückhalt, Verständnis und Stärkung bietet. Wider den momentanen Zeitgeist sehen wir Methodenvielfalt nicht als Bereicherung und arbeiten ausschließlich psychoanalytisch.

Zu den häufigsten Problemfeldern, mit denen wir zu tun haben, gehören Störungen der sexuellen Lust beziehungsweise der sexuellen Begegnung innerhalb von heterosexuellen, aber auch homosexuellen Beziehungen. Das wesentliche

Moment für sogenannte funktionelle Sexualstörungen wie Lustlosigkeit, Orgasmusstörungen oder erektile Dysfunktionen sehen wir in der neurotischen Gebundenheit an primäre Liebesobjekte und den damit verbundenen Verboten, die den Bereich der sexuellen Phantasie beschneiden und verunmöglichen. Unsere therapeutische Arbeit begibt sich, wie die klassische Psychoanalyse, auf die Spuren dieser Bindungen und Erinnerungen.

Ausgangspunkte dafür sind sexuelle Symptome, die an psychosomatische Krankheitsbilder erinnern. Viele unserer Patienten sind auf dieses Symptom fixiert. Die dahinterliegende Lebensproblematik und das Triebgeschehen bleiben scheinbar verborgen und damit schwer deutbar.

Ob es zum Wiederholen und Durcharbeiten kommt, ist an unserer Beratungsstelle mit größeren Unsicherheiten verbunden als in der psychoanalytischen Privatpraxis. Zu uns kommen Menschen mit Motiven, die häufig »delegierte« sind. Ein Mann schickt seine Partnerin, ein Mediziner schickt einen Patienten, die Mutter schickt die Tochter, Richter schicken Straffällige. Für uns liegt deshalb viel Arbeit im Vorfeld von eigentlicher Therapie.

Dabei gehört es zu unserer Aufgabe, eine Verbindung von auferlegten Motiven zum innerpsychischen Leiden herzustellen. Patienten ist diese auf den ersten Blick nicht bewußt, nicht spürbar. In diesem »Vorspiel« von Therapie liegt die Kunst darin, ob der Leidensdruck im Übertragungs- und Gegenübertragungsgeschehen so weit lebendig werden kann, daß er eine länger dauernde therapeutische Arbeit motiviert.

Entsteht zu schnell eine Übertragungsheilung im Sinne einer zeitweiligen Symptomfreiheit, kann es zu Therapieabbrüchen kommen, die besonders die Patienten nicht als solche erkennen. Auch das Gegenteil, eine zu lange andauernde Unbeweglichkeit der Symptome, ist belastend für die psychoanalytische Arbeit.

Die wachsende Zahl der Anzeigen von sexuellem Mißbrauch, Exhibitionismus, Vergewaltigung oder sexueller Nötigung bringt neue Aufgabenfelder für unsere Beratungsstelle. Damit befaßte Behörden agieren ihre Unsicherheit mit einem Gemisch aus psychologischem Verständnis und dem Wissen um die offensichtliche Nutzlosigkeit der gängigen Strafverfahren bei diesen Delikten. Psychotherapie, so die steigende Tendenz, sei die »goldene« Lösung. Den Straftätern fehlt jedoch häufig die Einsicht, daß die Straftat aus innerpsychischen Problemen resultiert. Wegen der hohen Erwartungen der Gesellschaft und der befaßten Instanzen sind solche Delegationen eher schwierig. Psychotherapie ist nicht für jedes gesellschaftliche Problem die Lösung.

Natürlich ist die zentrale Frage in unserer Arbeit die der Geschlechtsidentität. Sie zeigt sich nicht nur in den immer öfter vorgetragenen Wünschen nach Geschlechtsumwandlung, sondern ebenso in anderen Symptomen. In der Fachliteratur, aber auch populärwissenschaftlich wird diskutiert: Haben wir eine schwächere, eine gestörte Geschlechtsidentität? Bringen die veränderten sozialen Rollen der Geschlechter auch die geschlechtliche Identität ins Wanken? Sind Transsexuelle »die letzten echten Männer und Frauen«, wie dies Sophinette Becker in ihrem Artikel andeutet?

Identität ist der Prozeß einer dialektischen Beziehung zwischen Subjekt und Objekt, zwischen biologischer Gegebenheit und sozialen Rollen. »Geschlechtsidentität kann nicht getrennt von der Ich-Identität betrachtet werden. In einer wechselwirkenden Interaktion zwischen Subjekt und Objekt werden die begleitenden Affekte der Beziehung introjiziert, was eine Umwandlung und Strukturierung von einem Dynamismus im Subjekt bewirkt und dieses als solches in seiner Einmaligkeit definiert. So, wie die Identifikation strukturierend wirkt, kann sie gleichzeitig aber auch die Gefahr der Entfremdung mit sich bringen« (Tanco-Duque 1997, S. 1).

In einer Zeit, in der die sozialen Rollen sich rasant verändert haben, Begriffe wie »männlich/weiblich« aus ihrer jahrhundertealten Polarisierung genommen werden, kann die Theorie der sogenannten biologischen Gegebenheit nicht unberührt davon bleiben. Sexuelle Identität wurzelt in der Entwicklung der Sexualität, aber auch in den Beziehungen und Rollenzuschreibungen, die dem Kind angeboten werden. Die angeführte Entfremdung drückt sich dann in den unterschiedlichsten Symptomen aus, die psychisches Leiden nach außen sichtbar machen.

Hier zeigt sich vielleicht am deutlichsten, daß therapeutische Arbeit ein Gesellschafts- und Menschenbild als expliziten theoretischen Unterbau benötigt. Welche wissenschaftspolitischen Positionen zum Verhältnis der Geschlechter, zu Fragen der Geschlechtsidentität, zur Homosexualität, zur Abtreibung oder zur künstlichen Befruchtung finden sich in der Behandlungstheorie? Diese Auseinandersetzung ist notwendig, damit die therapeutische Arbeit nicht zu einem Selbstverwirklichungstraining wird. Psychotherapie soll nicht zu einer Art Schnellservice für Psychodefekte verkommen. So werden gesellschaftliche Widersprüche, deren pathogene Wirkung auf die menschliche Psyche ausgeblendet bleiben, ins Subjekt hineinverlegt.

Am Ende unserer »Geschichte über die Sexualberatungsstelle« kommen wir noch auf einen trieblichen Aspekt unserer Arbeit zurück – das Engagement. Ein gewisses »getrieben sein«, Neugierde, Interesse, Aggressionen bilden die »Lust« an unserer Arbeit. Dem Phänomen des Engagements begegnet man heute eher mit einer Mischung aus Anerkennung und Nachsicht, als wäre es eine Mischung aus längst vergangener Zeit (vgl. Sloterdijk 1983, S. 181).

Engagement bedeutet in unserem Kontext keinen »blinden Heilsauftrag«, sondern im klinischen und theoretischen Bereich die Rückkehr der Phantasie zu ermöglichen und damit auch eine erotische Kultur der Leidenschaft und Aggression zu etablieren. In diesem Sinn schließen wir mit Nietzsche: »Der Einwand, der Seitensprung, das fröhliche Mißtrauen, die Spottlust sind Zeichen der Gesundheit: alles Unbedingte gehört in die Pathologie« (Nietzsche 1980, S. 202).

155

Literatur

Institutsgruppe Psychologie der Universität Salzburg (Hg.) (1984): Jenseits der Couch. Psychoanalyse und Sozialkritik. Frankfurt a. M.

Nietzsche, F. (1980): Jenseits von Gut und Böse. 4. Hauptstück. Wien.

Tanco-Duque, R. (1997): Geschlechtsidentität und soziale Rolle. Vortrag bei der Österr. Studiengesellschaft für Kinderpsychoanalyse.

Sloterdijk, P. (1983): Kritik der zynischen Vernunft. Band I. Frankfurt a. M.

Die Autorinnen und Autoren

Sophinette Becker, Dipl.-Psych., arbeitet als Psychoanalytikerin am Institut für Sexualwissenschaft der Universität Frankfurt.

Andreas Benz, Dr. med., ist Psychiater und Psychoanalytiker in Zürich.

Wolfgang Berner, Prof. Dr. med., Psychiater und Psychoanalytiker, ist Direktor der Abteilung für Sexualforschung der Universität Hamburg.

Eva Breidenbach-Fronius, Mag. phil., Klinische Psychologin und Psychoanalytikerin, arbeitet in freier Praxis und in der Sexualberatungsstelle Salzburg.

Karl Fallend, Dr. phil, Universitätsdozent am Institut für Psychologie der Universität Klagenfurt und Mitarbeiter des Ludwig-Boltzmann-Instituts für Geschichte und Gesellschaft in Wien sowie ehrenamtlicher Obmann der Sexualberatungsstelle Salzburg.

Lilli Gast, Dr. phil., ist freiberufliche Wissenschaftlerin und Lehrbeauftragte in Berlin.

Karl-Markus Gauß ist freier Schriftsteller in Salzburg.

Ulrike Hutter, Mag. phil, Klinische Psychologin, Psychoanalytikerin, Kinderanalytikerin, arbeitet in eigener Praxis und in der Sexualberatungsstelle Salzburg.

Ulrike Körbitz, Dr. phil., ist Psychoanalytikerin in eigener Praxis und in der Sexualberatungsstelle Salzburg und hat Lehraufträge an verschiedenen Universitäten.

Karl Mätzler, Dr. phil., Psychoanalytiker, arbeitet in der Sexualberatungsstelle Salzburg und in eigener Praxis.

Peter Schneider, Dr. phil., arbeitet als Psychoanalytiker und als Redakteur beim Schweizer Radio in Zürich.

Michael Schreckeis, Mag. theol., arbeitet als Psychoanalytiker in der Sexualberatungsstelle Salzburg.

Psychoanalyse und Sexualität

Susanne Stemann-Acheampong
Der phantastische Unterschied
Zur psychoanalytischen Theorie der Geschlechtsidentität
Sammlung Vandenhoeck. 1996. 308 Seiten, Paperback
ISBN 3-525-01418-X

Elke Brech / Karin Bell / Christa Marahrens-Schürg (Hg.)
Weiblicher und männlicher Ödipuskomplex
Sammlung Vandenhoeck. 1998. Ca. 200 Seiten, Paperback
ISBN 3-525-01443-0

Christa Rohde-Dachser (Hg.)
Über Liebe und Krieg
Psychoanalytische Zeitdiagnosen
Sammlung Vandenhoeck. 1995. 216 Seiten, Paperback
ISBN 3-525-01427-9

Margarete Berger / Jörg Wiesse (Hg.)
Geschlecht und Gewalt
Psychoanalytische Blätter 4. 1995. 167 Seiten mit einigen Abbildungen, kartoniert
ISBN 3-525-46003-1

Helmut Puff (Hg.)
Lust, Angst und Provokation
Homosexualität in der Gesellschaft
Mit einem Vorwort von Martin Dannecker. Sammlung Vandenhoeck. 1993. 261 Seiten mit 5 Abbildungen, Paperback.
ISBN 3-525-01423-6

Udo Rauchfleisch
Schwule · Lesben · Bisexuelle
Lebensweisen, Vorurteile, Einsichten
Sammlung Vandenhoeck. 2., überarbeitete Auflage 1996. 268 Seiten, Paperback
ISBN 3-525-01425-2

Peter Kutter
Liebe, Haß, Neid, Eifersucht
Eine Psychoanalyse der Leidenschaften
Transparent, Band 13. 1994. 109 Seiten, kartoniert
ISBN 3-525-01713-8

V&R
Vandenhoeck & Ruprecht

Blick, Scham, Gefühl

Jörg Wiesse /
Peter Joraschky (Hg.)
**Psychoanalyse und
Körper**
Psychoanalytische Blätter, Band 7.
1998. 163 Seiten mit einigen
Abbildungen, kartoniert
ISBN 3-525-46006-6

Till Bastian
**Der Blick, die Scham,
das Gefühl**
Eine Anthropologie des Verkannten
Sammlung Vandenhoeck. 1998.
155 Seiten, Paperback
ISBN 3-525-01440-6

Micha Hilgers
Scham
Gesichter eines Affekts
2., durchgesehene Auflage 1997.
219 Seiten, kartoniert
ISBN 3-525-45600-X

Mathias Hirsch
**Schuld und
Schuldgefühl**
Zur Psychoanalyse von Trauma
und Introjekt
Sammlung Vandenhoeck. 1997.
341 Seiten mit 5 Abbildungen,
Paperback. ISBN 3-525-01435-X

Wilhelm Burian (Hg.)
**Die Zukunft
der Psychoanalyse**
Psychoanalytische Blätter 3.
1995. 157 Seiten mit einigen
Abbildungen, kartoniert
ISBN 3-525-46002-3

Peter Kutter /
Raúl Páramo-Ortega /
Thomas Müller (Hg.)
**Weltanschauung
und Menschenbild**
Einflüsse auf die psychoanaly-
tische Praxis
1998. 288 Seiten, kartoniert
ISBN 3-525-45806-1

Evelyn Heinemann
Hexen und Hexenangst
Eine psychoanalytische Studie des
Hexenwahns der frühen Neuzeit
Sammlung Vandenhoeck.
2., überarbeitete Auflage 1998.
151 Seiten mit 13 Abbildungen,
Paperback. ISBN 3-525-01442-2

V&R
Vandenhoeck
& Ruprecht